야생적 사고 길들이기

야생적 사고 길들이기

윌프레드 비온 지음

홍준기 옮김

Taming Wild Thoughts

야생적 사고 길들이기
Taming Wild Thoughts

초판 1쇄 2019년 12월 31일

지은이 | 윌프레드 비온
옮긴이 | 홍준기

펴낸이 | 김영남
편집 | 공윤조
펴낸곳 | (주)눈출판그룹

출판등록 | 2015년 7월 31일 제399-2015-000017호
주소 | 경기도 남양주시 수동면 외방로 135번길 24
전화 | 1661-4310
팩스 | 031-511-4749
이메일 | nungroup@daum.net
홈페이지 | www.nungroup.co.kr

값 20,000원
ISBN 979-11-88466-12-2 (93180)

파본이나 잘못된 책은 바꿔드립니다.

 이 도서의 국립중앙도서관 출판시도서목록(CIP)은 e-CIP 홈페이지(www.nl.go.kr/ecip)에서 이용하실 수 있습니다(CIP 제어번호: CIP2019047096).

차례

추천사

파르테노페 비온 탈라모Parthenope Bion Talamo

이 소책자에 포함된 비온의 미출간 논문 두 편은 비록 그것들이 상이한 상황에서, 그리고 서로 상당히 긴 시간 격차를 두고 집필되었음에도 불구하고 여러 공통 주제를 갖고 있다. 첫 번째 논문은 1963년 10월 2일 영국 정신분석학회에서 발표된 「좌표」다. 두 번째 것은 1977년 비온이 행한 테이프 녹음의 필사본으로, 제목이 없다.

비온이 『정신분석의 요소들』(1963)의 1장 말미에서 정의하듯이, 관념ideas의 영역에 속하는 정신분석적 대상들의 분류(따라서 길들이기)와, 그것들의 사용방법이 핵심 주제다. 이 짧은 논문은 『정신분석의 요소들』과 상당히 동일한 시기에 쓰여진 것으로 보이며, 후에 책으로 발전한 초기의 초고일 것이다. 이렇게 생각하는 이유는 내가 아주 상세하게 두 텍스트를 비교했던 것에 근거한다. 첫째, 좌표 그 자체가 약간 변했다. 여기에 실린 논문에서 5열은 오이디푸스라고 지칭된다. 반면 『정신분석의 요소들』에 인쇄된 좌표는 그때부터 이 5열에 탐구라는 명칭을 부여했다. 그 책에서 이 열에 대한 논의가 보여주듯이 저자는 '오이디푸스'가 단지 그것의 특수 사례가 되는 좀 더 보편적인 범주를 선택했다는 듯이 말이다. 둘째, 『정신분석의 요소들』을, 말하자면 '순수하게', 즉 마치 그 책이 좌표에 관한 최초의 그리고 상세하고 중요한 논의를 포함하고 있다는 것을 알지 못한다는 듯이 읽으려고 노력한다면, 여러분은 [『정신분석의 요소들』의] 5장과 6장이 9쪽 전체에 걸쳐서 '좌표'라는 단어를 언급하지 않은 채, 좌표의 수평축을 먼저 논의한 후 수직축에 대해 논의한다는 것, 그리고 6장의 말미에서도 그 용어 자체에 대해 전혀 논의하지 않는다는 것을 발견하게 될 것이다. 마치 5장의 서두에 도입부가 누락된 것 같다는 느낌을 받는다. 나는 여기에 인쇄된 논문이 누락된 도입부를 구성한다고 생각하지 않는다. 그렇게 생각하기에는 이 글이 너무 길고 상세하기 때문이다. 그러나 나는 비온이 『정신분석의 요소들』의 출간을 준비하고 있을 때, 마음속에서 그가 이 논문을 '이미 쓰여진' 어떤 것으로 여겼을 가능성이 있고, 따라서 그 책 자체에 서론적 설명을 첨가해 그것을 확대해야 할 필요성을 느끼지 못했다고 생각한다.

비온의 출간된 저작들에서 이러한 종류의 일이 발생한 것은 처음이 아닐 것이다. 알파요소, 꿈작업 알파, 그리고 베타요소에 관한 완전한 논의도, 출간될 『숙고』(1994)의 구절들로부터 제외되었다. 또는 아마도 너무 반성적introspective이기 때문에 제거되었을 것이다. 좌표와 위에서 언급했던 개념들에 대한 우리의 이해는, 비온이 그의 완성된 저작들로부터 조금씩 삭제했던 '쌍들pairings'로 간주될 수 있는 것을 연구함으로써 좀 더 수월해질 수 있다고 말하는 것은 정당하다고 나는 생각한다.

여기에 실린 그대로 이 논문은 명료함clarity에 관한 하나의 모델이며, 비온이 결코 버릴 수 없었던 자신의 사고의 몇몇 배경적 특징을 집중적으로 조명해준다. 이것들 중 가장 중요한 것이 그가 다음 사실을 명확히 할 때 분명하게 드러난다. 즉, 환자의 사고들의 발달, 또는 그것들에 대한 그의 사용에 대해 비온이 말하는 것은, 분석가도 인간인 한에서 사고와 의사소통 능력의 변덕과 제한을 겪을 수밖에 없기에 분석가에게도 적용될 수 있다는 사실 말이다. 비온이 그 용어[역전이]가 오늘날 일반적으로 갖고 있는 엄격한 의미에서, 또는 느슨한 의미에서 역전이에 대해 이야기하고 있다는 뜻이 아니다. 그는 회기 동안에 무슨 일이 발생했는지 비교적 평화롭고 조용한 순간에 회기를 추적해갈 수 있도록 그를 돕는 체계에 대해 작업하고 있는 것이다. 그리고 회기 동안에 일어났던 일들은 환자의 사고 과정들과 그것들의 사용뿐만 아니라 분석가의 그것들도 마찬가지로 포함하고 있다. 분석가와 환자의 사고 과정들과 그것들의 사용은 둘 다 회기가 끝났을 때 검토를 필요로 한다.

상황이 어떻게 움직이고 발전하며 진화하는지(또는 그렇게 하는데 실패하는지)는 비온의 결코 사라지지 않는 관심의 원천이다. 우리가 『집단에서의 경험』(1961)에서(즉, '신경증 환자를 위한 훈련'에 관한 절의 끝부분에 있는 '치료에서의 집단 내적 긴장'에서) '훈련 집단들의 투사된 조직

화가 마치 투명한 벽들로 둘러싸인 틀frame 같다는 그의 이미지visualization를 그가 서술할 때, 이 서술에서 좌표의 초기 선구자를 발견하는 것이 아주 몽환적인 것이라고 나는 생각하지 않는다. '어떤 지점에서 환자는 이 공간으로 들어가도록 허용되었고, 이 공간 내에서의 활동은 그 갈등하는 충동자극의 결과에 따라 그가 어떤 방향으로든 자유롭게 움직일 수 있도록 조직될 것이었다. 그리하여 그의 행동은 자신의 능동적 의지와 목표를 잘 보여줄 것이라고 믿을 수 있게 되었다'(Bion, 1961, pp. 14-15). 좌표 그 자체는 사람의 발달이 아니라 관념의 진화와 사용을 설명한다. 그러나 환상과 좌표 배후에 있는 '이미지visualisation'는 그 두 경우 모두에서 본질적으로 상이하지 않은 목표를 갖고 있다.

『집단에서의 경험』과 이 책에 실린 논문의 또 다른 흥미로운 연결고리는 사고의 비옥성fecundity을 위한 하나의 요소로서의 원주circumference의 중요성에 관한 논의에서 발견된다. 이전의 책에서 언급되었고, 후에 『변형들』에서 피상적이고 거의 농담식으로 다시 논의되는(Bion, 1965, p. 111) 이 주제에 대한 간략한 언급(1961, p. 13)이 본 논문의 좌표 판본에서는 훨씬 상세하게 다루어진다. 본 논문이 『변형들』의 전조라는 것에는 또 다른 의미가 있다. 그것은 1965년 책의 출발점이 되는 양귀비 밭의 '변형'에 관한 논의를 포함하고 있다. 그것은 또한 분석가와 환자의 변형을 지칭하는 축약된 상징들을 포함하고 있다.

이 논문은 그 이전 저작과 이후 저작을 연결시켜줄 뿐만 아니라, 좌표 그 자체의 목표와 기원에 대한 매우 명확한 논의를 제시하는 중요한 기능을 한다. 그리고 이 논문은 후에, 즉 1971년에 동일한 제목의 다른 논문(Bion, 1977)을 생산했다. 이 모든 사정에 비추어볼 때, 왜 비온이 이 논문을 출간하지 않았는가는 여전히 미스터리로 남아 있다. 1971년 논문은 같은 해 4월 로스엔젤레스 정신분석학회에서 행한 강연을 발전시킨 것이며, 꽤 상세한 몇몇 임상 재료를 포함하고 있다는 점에서 이례적이다. 그것은 이 책에 실린 논문보다 문체 면에서 더 논리적이다(이 책의 후반부에 실린 두 편의 필기록 만큼이나). 일정 정도 중복이 있지만 전체적으로 보아 좌표에 관한 이 두 논문은 나름 흥미로운 방식으로 상호보완적이다. 그것들은 가능한 양안적 시각의 두 관점이다. 1963년과 1971년, 그리고 영국과 캘리포니아, 좌표의 시작과 그것에 대한 재논의 - 아마도 사후성Nachträglichkeit? – 인 것이다.

다른 한편으로, 두 개의 필기록은 그것이 어떤 책인지 더 이상 알 수는 없지만 어떤 책의 첫 두 장을 위해 의도된 것처럼 보인다. 녹음은 『미래의 회고록』(1991)이 이미 완성되었고, 비온이 자서전 작업을 집필하고 있었던(하지만 그 두 책은 서로 성격이 다른 책이다) 1977년 늦은 5월에, 이틀 동안 연속적으로 행해졌다. 첫 '장'에서 그는 길 잃은 그리고 야생적인 사고들이라는 관념과, 그것들을 어떻게 붙잡을 수 있는지 논의하면서, 사로잡힌 길 잃은 사고들 중 하나를 집어넣을 수 있는 '상자'로서, 베타요소라는 개념을 거의 자의적인 방식으로 도입한다. 발전되는 논의는, 그것이 심화되고 알파요소와 베타요소, 꿈 사고와 리듬, 비언어적 의사소통 개념 등을 발전시켜감에 따라 좌표와 연결된다. 계속해서 비온은 자신이 언어라는 성취(물)에 대해 이야기할 때 염두에 두고 있었던 것이 정교화된 효력 있는 의사소통의 높은 지점이라는 것을 보여주고, 그러고 난 후 물질적 차원인 베타요소로 되돌아가 정신의 태곳적 흔적에 관한 논의로 글을 마무리한다. 문체는 매우 산만하고 – 거의 대화체이고 –, 방랑적이라고 간주할 수 있을 것이다. 그러나 그것 자체는 순환논법의 '넓은 원주'의 타당성의 좋은 예다. 장chapter의 끝부분쯤에서 베타요소라는 주제로 되돌아가 논의하는데, 이 논의는 '길을 가는 가운데on the way' 일어났던 모든 것에 의해 명백하게 풍부해지기 때문이다. (종종 나는 순환논법에 관한 비온의 개념이 조이스의 『피네간의 경야』의 순환적 형태에 의해 잘 예시되어 있다고 생각해왔다.)

2 '장'은 평가의 문제를 다룬다. 사고에 관한 자신의 건축학architectonics이 근거하고 있는 '주어진' 것, 의문의 여지가 없는 것으로서 자신이 편안하게 가정하는 것처럼 보이는 감각적 자료인 베타요소로부터 다시 출발해, 비온은 정신분석 슈퍼비전의 문제로 나아간다. '사변적 상상력speculative imagination' – 야생적 사고를 의미하는 다른 용어 – 이라는 제목을 붙일 수 있는 첫 부분에서 논의의 몇몇 논점이 등장한다. [i] 현재에 불쑥 끼어드는 한에서만 유의미한 과거. [ii] 환자의 현재, 치료실에서의 그의 현재, 그리고 (분석가가 그렇게 하도록 자신을 허락할 때만 가질 수 있는) 이것의 경험에 대한 깊고 지대한 존중. [iii] 기억과 욕망과 결합되어 있는 – 그러나 약간 다른 각도에서 결합되어 있는 – 희망과 두려움의 유해성. [iv] 분석 작업이 행해질 수 있기 위한 최소한의 필요조건들.

두 번째 부분은 사변적 이성 –사변적 상상력에 적용되어야 할 훈련– 의 문제를 다룬다. 이어서 비온은 자신이 재구성이라고 부르는 것에 대해 간략히 언급한 후, 다음 주제로 신속히 넘어가, 즉 의식화된 적이 없는 무의식적 사유, 즉 '접근 불가능한 정신의 상태'라고 다시 명명하는 것에 관한 논의로 이끌어주는 이론에 대해 간략히 언급한다.

여기에서 제시된 두 강연에서 동일한 주제들이 등장하지만 그것들의 문체는 완전히 다르다. 필기본은 비온이 실천하고 있는 정신분석의 타당성에 대한 비온의 더 큰 확신, 따라서 자신이 갖고 있는 더 큰 자기 확신을 반영하고 있다. 필기본들은 점점 더 커지는 원주를 가진 다른 원의 출발점 –[이 책에 실린] 논문 '좌표'에 의해 표현되는– 과 일치하는 종결점을 표현한다. 오랜 과정을 통해 성숙해 가는 그의 분석 경험과 더불어 알파요소와 베타요소에 관한 초기 정식으로부터 후기 정식에 이르기까지 말이다.

1997년 4월

튜린에서

좌표

The Grid

일러두기 | 본문 중에 [ ]의 내용은 독자의 이해를 돕기 위한 역자의 첨언입니다.

서론

1994년 리우데자네이루에서 로자 베아트리즈Rosa Beatriz 박사는 한스 소너Hans Thorner가 1971년 런던에 있을 때 받았던 이 논문을 내게 보내주었다. 나는 이 논문을 부활시켜준 것에 대해 그녀에게 감사한다. 그 논문은 나의 기록 그리고 기억으로부터 사라졌으며, 1994년 11월 리우데자네이루에서 열린 워크샵을 위한 기고문들을 포함하는 잡지에 그 논문이 포함된 것을 제외하고는 과거에 출간된 적이 없기 때문이다. 비온은 1963년 10월 2일 영국정신분석학회의 학술모임에서 그것을 발표했다. 첫 페이지에 손으로 쓴, 63년 10월 2일이라는 날짜는 소너 박사가 첨가한 것이라고 나는 믿는다.

이 논문은 『경험으로부터 배우기』(1962b)의 출간 이후에 쓰여졌다. 비온은 이 책을 집필하기 전에도 좌표에 대해 작업하고 있었지만, 거기에서는 좌표에 대한 언급이 등장하지 않는다. 비온은 이 새로운 발명이 불러일으킨 통상적인 열정을 모두 표현했으며, 우리는 이 새로운 '자식offspring'에게 붙일 수 있는 가능한 이름이 무엇인지 논의했다. 그리고 항상 그렇듯이 [비온은] 마침내 그것의 결점들을 깨닫게 되었다{비온, 『두 논문 : 좌표와 휴지기』(1977), 36-37쪽 참조}.

1963년의 이 논문에서 그의 목표는 좌표의 구성과 사용에 대한 명확하고 상세한 설명을 제시하는 것이다. 그것을 그는 훌륭하게 해냈으며 '주제에서 벗어나지' 않았다. 두 배 긴 1971년 판본에서는 그렇지 않았다고 할 수 있지만 말이다. 이 책에 실린 논문은 생생한 임상적 재료와, 6개의 신화(C행 구성물들)에 대한 꽤 긴 논의를 포함하고 있다. 그는 1963년(『정신분석의 요소들』)부터 그것들의 사용에 중요성을 점점 더 부여하기 시작했다.

그는 좌표의 결점을 강조하기 위해 많은 증거를 제시했다. '좌표를 사용하기 위한 노력의 초기 희생자는 좌표 그 자체다.' 그러나 그는 계속해서 이렇게 말한다. '그럼에도 불구하고 좌표의 사용은 나로 하여금 내 작업에 대해 비판적인, 그러나 정보제공적이며 계몽적인 태도를 유지할 수 있도록 해주었다'(비온, 1977, 『두 논문』, 17쪽). 1974년 리우데자네이루에서 그는 말한다. '좌표는 도구를 생산하기 위한 연약한 시도이다… 나는 그것이 얼마나 나쁜 것인지, 그것이 [정신분석] 작업을 위해 얼마나 적절치 못한 것인지 – 그 작업을 위해 내가 좌표를 만들었음에도 불구하고 – 알아야 한다고 생각한다'(Bion, 1974/75). 1977년 뉴욕에서 그는 이렇게 말한다. '내가 내 체계에서 좌표를 꺼내자마자, 나는 그것이 얼마나 부적절한 것인지 알 수 있었다… 만족은 오래 지속되지 않는다.' 그것이 어려웠는가라는 질문을 받았을 때 그는 대답했다. '나에겐 그렇지 않았다. 하지만 시간 낭비였는데, 이는 내가 만나게 되는 사실들에 진정으로 부합하지 않기 때문이다'(Bion, 1980). 비록 그것이 그의 의

도가 아니었다는 것은 분명하지만, 이러한 언급들은 말하자면 적어도 우리를 실망시킨다. 다른 한편으로, 1973년 상파울루에서 그는 좌표를 확장하는 것이 가능한가라는 질문에 대해 명백한 흥미와 열정을 갖고 대답했다(Bion, Brazilian Lectures, 1974/75, pp. 41-42). 그는 좌표를 나선처럼 반복되는 것으로 시각화할 수 있다고 대답했다. 1978년 다시 한 번 상파울루에서 그는 좌표의 확장이라는 흥미로운 문제를 언급했다(Bion, Bion in New York and Sao Paulo, 1980, pp. 91, 92). 그는 그것들이 변화해 '선들 사이의 거리가 아주 미세해지고', 따라서 그것을 [점점 촘촘해지는] 격자Grating라고 부를 수 있을 것이라고 상상했다.

비온은 좌표가 이론이 아니며, 회기 동안 사용되어서는 안 되고, '공격으로부터 상대적으로 자유로운 격리 상태에서' 사용할 때 유익하다는 점을 강조한다. 그리고 그는 다음과 같이 경고했다. '좌표가 축적된, 분석가-환자 관계에 관한 이론으로서 개입해, 전쟁터의 미사일처럼 발사되도록 허용되지 않는다면, 그것은 아무런 해도 끼치지 않을 것이다.'

비온이 자신의 경험을 통해 발견했다고 믿는 좌표 사용법[목적]을 제시하는 것이 도움이 될지도 모른다. 그것들은 다음과 같다.

1. 분석가의 직관을 계속해서 훈련하기 위해.
2. 회기에서의 작업을 기억에 각인시키는 데 도움을 주기 위해.
3. 관찰의 정확성을 증가시키기 위해.
4. 분석에서 발생한 사건과 그것에 대한 해석 사이의 간극 메우기를 더 용이하게 행할 수 있도록.
5. 분석가들의 직관 능력을 발달시키는 훈련 방법으로서 그들이 행하는 게임[으로 사용하기].
6. 심지어 대상이 부재할 때도 수학적 의사소통과 유사한 문자적 기록의 방법을 발전시키는 데 도움을 주기 위해.
7. 분석의 대체물이 아니라, 그것의 서막prelude으로서.
8. 분석가들이 자신의 정신적 근육을 훈련할 수 있는 정신적 고양의 틀을 제공하기 위해.

9. 진술을 분류하고 궁극적으로 이해하기 위한 도구.

프란체스카 비온

좌표, 1963년

이 논문은 정신분석 임상 과정에서 등장하는 문제들에 관해 생각할 때 도움이 되었다고 내가 생각했던 하나의 방법을 도입하고자 한다.

우리는 환자들을 치료하는 과정에서 생겨나는 불안에 친숙하며, 우리 자신이 분석을 받음으로써 이 불안을 처리해야 할 필요성이 있다는 것을 잘 알고 있다. 오늘 나는 거의 또는 전혀 주목받지 못했던 것처럼 보이는 이것의 한 측면 – 즉, 문제의 복잡성 때문에 해결하기 어렵지만 그것을 해결해야 할 필요가 있을 때 제기되는 이해할 만한 불안이라고 부를 수 있는 것 – 에 관심이 있다. 우리의 작업 성격상 그러한 불안을

전이-역전이로 간주하고, 위험에 대한 적절한 반응에 관한 탐구에도 그러한 불안이 필요하다는 것을 잊어버리는 경향이 있다. 나의 접근이 분석가의 개인 분석의 필요성 완화를 함축한다고 간주되어서는 안 될 것이다. 사실 내가 말하고자 하는 것은 개인 분석을 통한 접근에 기여하는 것이다.

나의 주제는 분석 상황에서 행해진 작업의 영역에 직접 속하지 않으며, 회기를 기록하는 방법에 많은 빛을 던져주지 않는다. 그러나 그것은 회기의 작업과 관계가 있다. 내가 옹호하고자 하는 절차들은 말하자면 분석가의 직관을 훈련하는 데 도움을 주며, 회기에서의 작업이 기억에 인상을 남길 수 있도록 돕는다. 나중에 그것은 자신의 발견을 기록하고, 심지어 대상이 부재한 경우에도 의사소통과 자신의 발견에 대한 계속적인 작업을 위해 그 기록을 사용할 수 있는, 수학자들이 좋아하는 기록과 유사한 기록의 방법을 [분석가들이] 발전시키는 데 도움을 줄 수 있을 것이다.

이러한 과제를 위해 내가 발전시킨 도구는 좌표다(오른쪽 도표 참조).

두 개의 축이 있는데, 하나는 수직축으로 A부터 H까지 표시

	1 Definitory Hypo-theses 정의적 가설	2 ψ	3 Nota-tion 표기	4 Atten-tion 주의	5 Oedip.* 오이디푸스	6 Action 행동	...n ···
A ß-elements 베타 요소들	A1	A2				A6	An
B α-elements 알파 요소들	B1	B2	B3	B4	B5	B6	Bn
C Dream Thoughts Myth, Dream, Model 꿈사고, 신화, 꿈, 모델	C1	C2	C3	C4	C5	C6	Cn
D Pre-conceotion 전개념화	D1	D2	D3	D4	D5	D6	Dn
E Conception 개념화	E1	E2	E3	E4	E5	E6	En
F Concept 개념	F1	F2	F3	F4	F5	F6	Fn
G Scientific Deductive System 과학적 연역체계	G1	G2	G3	G4			
H Algebraic Calclus 대수학적 연산		H2					

* 후에 [오이디푸스라는 항목이] '탐구'로 변화되었다. 비온, 「좌표」(in : 『두 논문(1977)』) 참조.

되어 있고, 다른 하나는 수평축으로서 1부터 n까지 수가 붙여져 있다. 수직축은 발생적이며 정교화의 단계들로 대략 나누어져 있다. 내가 [좌표에] 사용한 용어들이 [좌표의 각 구획의] 의미를 개략적으로 지시한다. 나는 그 용어들을 철학 등 다른 곳에서 빌려왔지만, 이 용어들이 그 분과학문에서 엄밀한 사용을 통하여 갖게 된 의미를 반드시 갖고 있다고 우리가 생각할 필요는 없다. 그것들은 궁극적으로 정신분석에 적합한 의미를 갖도록 의도되었다고 생각해야 한다.

수평축은 발생적 축의 요소들이 어떻게 '사용uses'되는가라는 문제와 관련된다. 나는 부정확한 방식으로 수numbers를 붙였다. 내가 수직축에 붙인 용어를 사용했던 방식과 유사하게 말이다. 수직축의 요소가 수평축의 요소와 동일한 것처럼 보인다면, 수직축의 요소는 발달의 단계를 지칭하기 위한 것이고, 수평축의 요소는 그 요소가 어떻게 사용되는지를 지칭한다는 것을 기억한다면 혼란은 사라질 것이다.

좌표는 분석가들이 진술을 범주화하는 것을 돕기 위한 것이다. 좌표를 구성하기 위해 정신분석 이론들이 사용되었지만, 그것은 이론이 아니라 도구다. '진술'이라는 용어를 내가 어떻게 사용하는지 설명하기 위해서는 한두 마디면 족하다.

'진술statement' 이란, 모호한 불평으로부터 이 논문 자체와 같은 아주 정교한 구성들에 이르기까지 모든 것을 의미할 수 있다. 단어 하나도 진술일 수 있고 제스처나 얼굴의 찡그림도 진술이다. 간단히 말하면 진술은 분석가와 피분석자 사이의 의사소통, 또는 어떤 사람의 자신과의 의사소통의 일부가 되는 모든 사건이다.

수평축은 불완전하며, 따라서 열들로 구획되는데, 이 열들은 확장될 수 있다는 특징을 갖고 있다. 수평축이 그렇게 확장될 수 있는지, 또는 확장될 수 있다면 어떤 방식으로 확장되는지는 그 수평축을 사용하는 과정에서 결정된다. 존재하는 열들은 내가 이미 사용했던 것들이며, 따라서 나는 쉽게 버려서는 안 된다고 생각한다. 그것들은 일차적으로 내가 정신 속의 K 연결이라고 불렀던 것과 더불어 고안되었지만, L와 H를 위해서도 그것들의 유용성은 손상을 입지 않는다. 나는 K가 배우기의 영역을, L은 사랑과 그것의 모든 측면의 영역을, H는 증오의 영역을 지칭하기 위한 것이라고 설명할 수 있다. 이 영역들은 그 기호들의 영역을 엄격하게 나누는 것 같지만 중첩될 수 있다. 문자 L, H, K는 내가 나중에 α와 ß에 대해 논의할 때와 유사한 방식으로 논의를 활성화시킬 수 있을 것이다.

수평축은 고정된 진술과 관련되도록 의도되었다. 고정된 진술은 그것이 사용되기 위해 놓인 열에 따라 그것의 사용이 변화한다는 이유 때문에만 그것의 의미meaning가 변화한다.

1열은 '정의적 가설'이라는 하부 명칭을 갖고 있다. 이 용어는 내가 사용하는 다른 용어들과 마찬가지로 그 자체가 독자적으로 갖고 있는, 수정되지 않은[불변의] 의미를 소유하고 있다고 간주되어서는 안 된다. 그것은 그 범주에 속하는, 또는 그 범주로 포괄되는 진술의 어떤 측면을 지시하기 위해 사용된다. 이 범주가 적합하게 적용될 수 있는 진술은, 이전에는 관련이 없다고 간주되었던 요소들이 [이제] 고정적으로 결합되어(Hume, Enquires; Poincaré, Science and Method) 일관성을 갖게 된다고 우리가 믿을 수 있다는 특징을 갖는다. 이 열에 속하는 진술은 지시체significance를 갖고 있지만 의미meaning를 갖고 있지 않다고 간주되어야 한다. 이 맥락에서 '고양이'라는 용어는 관찰자가 가령, 모피·생명·눈 등의 고정적 결합을 확신했다는 것을 의미한다. 이 고정적 결합은 과거에 이루어졌던 고정적 결합constant conjunction이라고 느껴지지 않는다(Aristotle, Topics, VI, 4, 141 & 26ff). 그리고 진술은 고정적으로 결합되는 요소들을 묶고, 그 결합된 요소들이 거주하는 영역을 정의하려는 목적을 갖고 있다. 이러한 측면에서 진술은, 통상적으로 정의적 가설로 간주되는 것과 유사하다. 정의적 진술은 더 이른 시기의earlier conjunction 결합을 지시하지 않는다는 사실 때문에, 정의는 부정적이다라는 반론이 때때로 제기되었다. 고정적 결합을 묶기, 그리고 이러한 묶기가 가리키는 지시체의 함의가 배우기에서의 다음 발걸음을 가능케 해준다. '고양이'가 의미하는means 것이 무엇인지 발견해내는 과제 말이다.

2열은 그 진술이 어떤 것이든, 그리고 그 진술이 자신의 맥락에서 사실이 아니라고not true 할지라도 진술을 어떻게 '사용'하는가를 범주화해주는 것이다. 2열은 인성의 변화와 그 변화의 전망을 포함하는 [다른] 진술[의 등장]을 방해하려는 – 그 진술이 맥락 속에서 진실이라고 할지라도 – 의도를 갖고 있다. 이러한 '사용'이 분석가에게 '저항'의 표현이라고 알려져 있는 현상들과 밀접하게 관계 있다는 것을 강조하기 위해 나는 Ψ라는 기호를 자의적으로 사용했다.

3열은 어떤 사실을 기록하기 위해 사용되는, 진술의 범주이다. 이러한 진술들은 프로이트가 표기notation와 기억으로 기술한 바 있는 기능을 수행한다(Freud, 1911b).

4열은 같은 논문에서 프로이트가 주의 기능으로 기술한 '사용'을 표현한다. '고양이'라는 진술은 고정적 결합의 반복에 대한 민감성을 확보하기 위해 사용된다. 4열에 적합하다고 간주되는 진술들은 이전에 경험**되었던** 고정적 결합과 관련되며, 이러한 점에서 4열의 범주들이 표현하는 '사용'은 1열이 표현하는 '사용'과 다르다.

5열, 특히 '오이디푸스'라는 겉치레는 설명을 조금 요구한다. 그것이 4열과 유사한 '사용'을 표현하는 한에서 그것은 불필요한 것으로 간주될 수 있다. 그러나 나는 부분적으로는 다음 이유 때문에 그것을 버리고 싶지 않다. 즉, 그것은 나로 하여금 '사용들'을 성급하게 정식화하는 것을 꺼리게 만드는 '사용'의 한 예가 되기 때문이다. 오이디푸스 이야기(나는 특히 소포클레스의 판본을 지칭한다)에 함축되어 있는 오이디푸스에 대한 비판은 그가 완고하게 자신의 탐구를 수행해나갔다는 것이다. 호기심의 이러한 측면은 과학 철학자들에게는 중요하지 않은 것으로 보일 수 있다. 그러나 그것은 임상적으로 중요하며, 따라서 3열, 4열과 함께 언급할 가치가 있다. [그러나] 4열(주의)이 강도 3(표기) 이상의 것이듯이, 5열은 3열과 4열과의 강도 차이 이상의 것을 표현한다. 다음 상황이 이에 대한 하나의 사례가 될 것이다. 분석가가 문제 해결을 위한 접근을 스스로 너무 쉽게 포기하는 것과, 환자가 견딜 수 있는 능력 이상으로 문제 해결을 강요하는 것을 구분해야 하는 경우 말이다.

내가 '행동action'이라 이름붙인 마지막 열도 논평이 필요하다. 그것은 '정신 장치로부터 자극증가'(Freud, 1911b, p. 221)를 경감시키려는 목적을 갖고 있는 운동[을 통한] 방출과 유사한 현상들을 지칭한다. 이 범주에 포함될 수 있는 자격이 있는 행동은 용이하게 즉시 발견될 수 있는 이론의 표현이어야 한다. 그렇지 않다면 그것은 어떤 이론의 '사용'이라고 기술될 수 없다. 좌표 범주를 명확히 해명하는 문제는 그 해명이 경험에 달려 있다는 사실로부터 생겨난다. 좌표 범주에 포함된다는 것 그 자체가 분석가의 진술이다. 모든 좌표 범주는 1열의 성질을 갖고 있다고 간주될 수 있다. 그것들은 유의미하지만(지시체를 갖지만, significant), 경험이 그것들에 의미meaning을 부여하기 전까지는 의미를 갖고 있다고 말할 수 없다는 점에서 말이다.

발생적 축의 첫 두 행은 함께 논의될 수 있다. 베타(ß)요소와 알파(α)요소는 알려지지 않은, 따라서 존재하지 않을 수도 있는 대상들을 지칭하기 위한 것이다. 알파요소와 베타요소, 그리고 알파기능에 대해 이야기함으로써, 나는 그것이 무엇인지 알려지기 전에 무언가에 대해 논의하거나 이야기하거나 생각하고자 하는 것이다. 그 의미가 아직 열려 있는 문제인[의미가 아직 확정될 수 없는] 어떤 것 – 즉, 분석가가 자신의 경험을 통해 그 의미를 확정해야 할 어떤 것 – 을 기호가 표현하기를 내가 원할 때, 나는 내가 [사전에] 의미meaning를 제안하고 있다는 위험을 무릅쓰고, '베타요소'라는 용어가 결코 사고라고 합리적으로 간주될 수 없는 현상들을 포괄한다고 설명할 수밖에 없다. 내가 전에 기이한 대상에 대한 논의(『경험에서 배우기』)에서 기술하고자 했던 현상들이 이 범주에 포함된다. 내 관점에서 본다면, 의미가 시기상조적으로 은밀하게 들어오는creep in prematurely 경향 때문에 문제가 발생한다.

이상적으로는, 어떤 용어가 축적하는 의미는 분석 경험으로부터, 분석 경험으로부터만 도출되어야 한다. 이는 알파요소에도 상당 부분 적용된다. 이 용어가 사고thoughts라고 합리적으로 간주될 수 있는 현상들을 포괄한다는 점을 제외한다면 말이다. 나는 이 현상들을, 개인으로 하여금 프로이트가 말하는 꿈 사고를 가질 수 있도록 해주는 요소들로 간주하고자 한다.

C행은 꿈들과, 다른 가능한 조직된 체계들을 포함한다. 신화는 구조들 – 모델의 원시적 형태로서의 구조들 – 과 함께 C행에 포함되어야 한다.

첫 번째 행을 제외한 모든 행은 포화되지 않은, 즉 의미를 축적할 수 있는 진술의 범주들을 표현할 수 있다. 이러한 관점에서, 나머지 행들을 배제하고 E행[만][1]을 전개념화들로 구성되었다고 기술하는 것은 오해를 유발하는 것처럼 보인다. 그 나머지 열들도 정교화의 상승하는 질서 속에서 전개념화로 기능할 수 있기 때문이다(전개념화는 발달의 단계 또는 '사용'을 지칭할 수 있기 때문에). 내가 다른 곳

1) | 여기에서 E행은 오타인 듯 보인다. D행으로 수정해야 할 것이다. – 역주

에서 언급했듯이, 정신분석 임상에서 분석가가 인정된 과학적 방법의 엄밀한 기준에 따라 어떤 것[어떤 진술]이 G행 또는 H행으로 포함될 수 있는 기준을 정할 수 있다고 나는 생각하지 않는다. 그럼에도 불구하고 이러한 범주들이 존재한다고 생각하는 것이 중요하다. 비록 이것이 엄격한 기준을, 또는 엄격한 기준처럼 보이는 것을 느슨하게 사용한다는 역설을 포함하고 있지만 말이다. 이러한 범주들이 존재하는 하나의 이유는, 분석적으로 검토해보면 느슨한 진술이라고 판명되는 진술들이 종종 과학자들과 철학자들에 의해 마치 그것들이 엄밀한 것인 양 종종 사용된다는 사실에 놓여 있다.

유능한 예술가가 서구 문명에 잘 알려진 예술적 관습을 사용해 양귀비 밭을 그렸다고 할 때, 우리는 그것이 양귀비 밭이라고 말하는 데 아무런 어려움을 느끼지 않는다. 왜 그런가? 직선으로 뻗은 철도선들은 평행선이라고 간주된다. 그러나 한 점에서 만나는 직선들로 철도를 표현한 그림들을 우리는 알고 있다.

화가가 자신의 경험을 캔버스 위의 유화로 변형시키는 과정 — 그것이 무엇이든 간에 — 을 기술하기 위해 나는 '변형transformation'이라는 용어를 사용할 것을 제안한다. 그러나 그 용어가, 건물이 화가와 장식가에 의해 변형되었다고 내가 말할 때 의미하는 것 – 즉, 양귀비 밭이 캔버스, 기름, 그리고 물감의 생산을 위한 원료로 사용되었다 – 을 의미하는 것이 아니라는 것이다. 그림의 관찰자가 그림을 양귀비 밭으로 기술할 때 그가 원료의 원천을 발견했다고 생각한다는 의미에서의 변형을 의미하는 것도 아니다. 간단히 말하면, 나는 '변형'이라는 용어를 1열의 요소들에 대한 나의 기술에 따라 사용할 것을, 즉 고정적 결합을 묶기[라는 의미]로 사용하기 – 내가 이 용어의 도움으로 고정적 결합이 의미하는 것을 발견하는 과정으로 나아갈 수 있기 위해 – 를 제안한다는 것이다. 나의 용어가 관련되어 있는 고정적 결합은 분석 회기 동안에 발생한다. 나는 그것을 이 용어로써 묶고 그 경험을 여러분에게 의사소통(전달)하기를 희망한다. 내가 나의 목표를 달성하는 데 성공할 수 있다면, 내가 그것을 전달하는 사람들이 '변형'이라는 용어와 감정적 경험 – 감정적 경험의 고정적으로 결합된 요소들을 나는 이 용어로써 표현한 것이다 – 의 의미meaning를 발견할 수 있을 것이다.

의미를 이해하기 위한 첫 걸음으로 나는 나의 모델인 양귀비 밭과 그것을 표현하는 그림, 그리고 예술가가 변형을 발생시켰다는 '신화'에 대한 논의를 다시 시작할 것이다. 현실화(현실, 실재, realization) – 즉, 양귀비 밭과 이와 유사한 대상들 – 를 나는 'O'라는 기호로 표현할 것이다.

나는 분석에서의 변형을 위한 매체medium는 일상 영어라고 가정할 것이다. 이로써 내가 의미하는 것은 문법적 그리고 언어적 정확성을 추구하는 것이 아니라는 것, 따라서 표정과 몸짓 – 근육 운동 – 이 '일상 영어'라는 표현에 포함된다는 것이다. 나는 환자와 분석가 둘 다 의사소통을 한다고 추가적으로 가정할 것이다. 끝으로, 환자와 분석가의 분석적으로 유의미한 의사소통의 부분은 감정적 경험에 관한 것이라고 나는 가정할 것이다. 단순화를 위해 나는 다음 기호를 사용할 것이다.

Tαp는 환자의 정신에서의 변형 과정을 지칭한다. Tαa는 분석가의 정신에서의 동일한 과정을 지칭한다. 이와 유사하게 Tßp, Tßa는 변형 과정의 결과, 즉 최종 산물을 표현한다. 이는 예술가의 그림의 분석적 대응물이다. 우리의 작업에서 O는 항상 감정적 경험이어야 한다. 정신분석에서는, 환자는 감정적 어려움에 대한 도움, 따라서 추측컨대 그것에 대해 이야기하기 위해 온다고 가정

하기 때문이다.

여기에서 다룰 수는 없지만 많은 흥미로운 세부 주제가 존재한다. 여기에서 제기되는 복잡한 문제가 무엇인지 보기 위해, 나는 예술가의 의사소통의 본질과 관련된 문제들 – 예술가는 특수한 경치, 또는 그것에 대한 자신의 감정을 기록하고자 시도하는가, 완성된 작품이 전시되는 대중들에게 영향을 미치기를 원하는가, 그렇지 않은가 등등 – 에 대해서만 생각해보고자 한다. 따라서 나는 한 가지 논점을 추가적으로 제기하고자 한다. 즉, 내가 출발점으로 삼았던 다음 질문을 던지고자 한다. 왜 그림이 양귀비 밭을 표현한다는 것을 인식하는 데 어려움이 없는가? 변형[과정] 속에는 O와 Tß(최종 산물) 둘 다에 불변적인 어떤 것이 항상 존재하기 때문이라고 말함으로써 나는 그 질문에 대답하고자 한다.

이제 좌표로 되돌아가자. 나는 좌표가 진술들을 분류하고 궁극적으로 그것들을 이해하기 위한 도구라고 말했다. 나의 논의의 목표는, 분석적 실천에서 모든 진술은 변형으로 간주되어야 한다는 생각을 도입하는 것이다. 동반되는 동작, 억양 등을 갖고 있는 '고양이'와 같은 한 단어조차도 감정적 경험(O)이 최종 산물(Tßp)

로 변형된 것이다. 언제 변형이 완성되었는가를 결정하는 것은 분석가에게 맡겨져 있다. 그는 한 단어의 발화와 함께, 또는 상당한 기간 동안 지속되는 언어적 의사소통 이후에 그 지점에 도달했다고 생각할 수 있다.

분석가의 의사소통은 내가 환자의 의사소통을 분석했던 방법과 동일한 방법에 의해 탐구될 수 있다. 그러나 그의 목표는 해석을 제시하는 것이라는 것을 염두에 두어야 한다. 모든 해석이 진술이며 변형이지만, 그것은 이 둘과 완전히 같은 것이 아니다. '해석'이라는 용어는 정신분석가의 실천에 고유한 어떤 것에만 적용된다. 분석가의 진술을 분류하기 위해, 그리고 변형을 조사하기 위해 좌표를 사용하는 것이, 어떤 진술을 정신분석적 해석으로 간주할 수 있기 전에 필요한 성질에 대한 더 명확한 이해로 이끌 수 있기를 희망한다.

지금까지 나는 관찰에 내포되어 있는 요소들 중 몇몇을 정식화하기 위해 노력했다. 그것들은 다음 세 가지, 즉 지시체the significant, 그것의 의미, 그리고 의미의 해석에 관해 명확히 논의하기 위한 것이었다. 따라서 나는 의미와 정신분석적 해석의 차이를 명확히 하기를 원한다. 달리 말하면, 대화에서, 즉 일상적 대화가 아니라 정신분석을 하는 경우, 환자가 의미하는 것과, 그것에 대한 해석을 구분하는 것이 도움이 된다고 나는 생각한다.

요약해보자. 분석가는 많은 요소 – 진술의 발생과 사용, 변형으로서의 진술의 본질, 변형이 생겨나는(Tαp) 과정, 변형의 최종 산물(Tßp), 불변항invarinants, 그리고 변형의 좌표 범주 – 가 구별될 수 있는 행동을 관찰하는 것에 관심이 있다.

정확하게 관찰하기 위해서는 분석가는 이러한 방향들에 포함되어 있는 현상들에 가능한 한 민감해야 한다. 그가 이러한 이상ideal에 더 가까이 접근할 수 있을수록 그는 정신분석에서의 – 또는 이 점에서는 다른 과학에서의 – 최초의 본질적인 것에, 즉 정확한 관찰에 더 가까이 접근할 수 있다. 최초의 본질적인 것의 보완물이 최후의 본질적인 것, 즉 정확한 해석이다. '최초의' 본질적인 것으로써 나는 시간적 측면에서의 우선성만이 아니라, 중요성의 측면에서의 우선성을 의미한다. 분석가가 정확하게 관찰할 수 있다면 항상 희망이 존재하기 때문이다. 물론 그것은 커다란 '가정if'이다. 마지막의 본질적인 것이 없다면 그는 분석가가 아니다. 그러나 그가 최초의 본질적인 것을 갖고 있다면 그는 시간의 관점에서 분석가가 될 수 있다. 그것이 없다면 그는 결코 분석가가 될 수 없다. 그리고 아무리 이론적 지식을 많이 갖고 있다고 할지라도 그것이 그를 구하지는 못한다. 이는 나를 해석의 본질에 관한 문제로 이끌어간다.

해석은 특수한 사례다. 이상적으로는 그래서는 안 되지만 해석은 내가 진술에 부여한 모든 특징을 가질 수 있다는 점에서 그것은 분석에서의 모든 다른 진술과 유사하다. 그리고 그것은 모든 진술처럼 하나의 변형이다. 그러나 그것이 K 성격을 가져야 하며, 제한된 범위의 행으로 분류될 수 있다는 점에서 다른 진술들과 다르다. 표면적으로 그것은 3열과 4열로, 그리고 더 드물게는 1과 5열로 제한되어야 한다. 나중에 정신분석적 게임(54쪽 참조)을 다룰 때 나는 그것이 사고의 유용한 훈련을 자극할 수 있다고 회고적으로 고찰하는 분석가가 생각하는 어떤 좌표 범주들에도 가설적으로 위치될 수 있다는 것을 보일 것이다. 이 점들과 더불어 후에 나는 분석 회기에서 단지 사건의 특수한 측면들만을 정신분석적 관찰의 영역으로 특히 간주해야 한다는 나의 제안의 함축적 의미들 중 몇몇에 대해 논의할 것이다. 이는 정신분석 이론들의 적용에 이미 함축되어 있다. 나는 정신분석 이론들과 쌍을 이루는 관찰에 관한 이론으로 그것을 명확하게 제시할 수 있기를 원한다. 관찰이 건전하다면, 어떤 관찰된 현상들이 정신분석 이론에 근접할 것이라는 결론도 마찬가지로 건전할 것이기 때문이다. 그러나 이러한 결론의 건전성은 이론 – 이론은 항상 전개념화(D행)이다 – 이 관찰되어야 할 사실의 선택에 영향을 준다면 손상된다. 좌표의 목적은 직접적으로 정신분석적이지 **않은** 전개념화를 분석가들이 발전시킬 수 있도록 돕는 것이다. 분석가가 행하는 관찰이 정신분석 이론에 근접하도록 미리 정해져 있지 않도록 하기 위해서 말이다. 전개념화가 정신분석적이라면, 이러한 전개념화 하에서 행한 관찰이 전개념화로부터 도출되었기 때문에, 그 관찰이 정신분석 이론에 근접하게 된다는 위험이 분명히 존재하기 때문이다. 이러한 조건은 순환논증을 낳는다. 나는 순환논증에 대해 반대하지 않으며, 후에(49쪽) 그것의 위험에 대해 논의할 것이다. 지금으로서는 '진술들'에 대한 고찰로 되돌아가기 위해 나는 순환논증을 피하는 것이 바람직하다고 가정할 것이다. 이미 언급했듯이 진술들은,

내가 앞서 그 용어를 사용한 의미에서 변형들로 간주되어야 한다. 그러나 이미 내가 기술한 특징들에 덧붙여 그것들은 또한 이론의 특징을 갖고 있다는 점이 인정되어야 한다. 달리 말하면 정신분석 연구의 대상들(정신분석적 대상들)은 내가 '진술'이라는 용어로써 묶었던 특징들, 내가 '변형'이라는 용어로 묶었던 특징들을 갖고 있으며, 이제는 내가 '이론'이라는 용어로써 '묶기bind'를 원하는 특징들을 갖고 있다. 따라서 나는 '이론'이라는 용어에 대해 논의할 것이다.

'전개념화'(D행)라는 용어를 선택한 것은 잘한 일이었지만, 내가 상대적으로 더 정교한 범주들로 적절하게 범주화될 수 있는 용어를 선호한다는 것을 보여줄 것이다.

그것[이론]이 어떤 진술(또는 정식화)이든 간에, 또는 그것[이론]이 변형으로서의 자신의 속성으로부터 어떤 특징들을 이끌어냈든 간에, 우리는 이론이 옳은 것이 아니라면 틀린 것이라고 결코 말할 수 없다. 그것은 의미가 **있다**it is meaningful. 이론들은 옳지 않으면 틀린 것이며 따라서 경험적 검증을 통해 타당성을 인정받아야 한다는 믿음 때문에 많은 혼동이 과학자들 사이에 존재한다. 그러므로 나는 다음 사실을 명확히 해야 한다. 그러한 접근 방식은 무익하며, 그러한 접근이 근거하고 있는 가정은 [다른] 가정, 즉 그것[정신분석적 대상]의 이론적 측면들에서 볼 때 정신분석적 대상(=진술-변형-이론)은 그것이 고정적 결합을 묶는 정식화라는 듯이 간주되어야 한다는 가정에 의해 대체되어야 한다. 나의 논점을 명확히 하기 위해 나는 극단적인 하나의 사례를 선택할 것이다.

한 환자가 차량이 접근한다는 것을 알고 있었지만 그 앞으로 걸어갔고, 부딪쳐서 작은 상처를 입었다. 이 결과는 전혀 예상할 수 없는 것이었다. 그의 이전의 진술들 중 많은 것 때문에 나는 사건 당시에 그가 자신이 방귀a puff of flatus라는 확신에 의해 지배되고 있었다고 생각할 수 있었다.

자신이 방귀라는 주장으로 이끌었던 진술들이 내가 이론이라는 말로써 의미하는 것을 구성한다.

환자의 관점에서 볼 때 이것은 진리, 또는 진술의 타당성을 검증하는 절차를 필요로 하는 이론이 아니다. (이제부터 나는 여러분이 내가 '진술'이라는 용어를 사용하는 특수한 의미를 알고 있다고 가정할 것이다.) 내 이론에 따르면 그는 그것의 의미를 확립하는 일을 한 것이다. 더욱

이, '진술'은 그가 내게 제시하고자 시도했던 언어적 설명이었을 뿐만 아니라, 내 생각에는(비록 내가 거기에서 그것을 본 것은 아니지만) 아마도 사건 자체에 적용될 수 있는 올바른 용어이기도 할 것이다. 즉 그것은 그의 분석가로서 내가 증인인 많은 진술들과 구분될 수 없는 하나의 진술이었다. 이제 나는 이것을 하나의 진술로 간주한다는 것의 함의에 대해 고찰할 것이다.

진술은 옳거나 틀린 것이 아니라 단지 의미가 있을 뿐이라는 주장에 대해 먼저 생각해보자. 일화가 어떤 가정에 대한 경험적 검증이라는 견해는 막다른 골목으로 이끈다. 그러나 그것을 우선은 고정적 결합을 묶기 위해, 따라서 고정적 결합의 의미를 확립하기 위해 고안된 진술로 간주한다면, 일화의 어떤 측면들이 더 분명해진다. 사건과 그것으로부터 도출되는 결론들은 그가 방귀라는 진술에 의미를 기여하지 않는다. 그러한 기여가 가능하려면 그 진술이 근접하는 현실화가 발견되어야 한다. 이러한 점에서 상황은 가스 폭발에 관한 수학적 정식과 같은 고도로 정교한 진술이 제시하는 상황과 결코 다르지 않다. 조사자가 버스를 잡는 것이 공식의 의미를 증가시킬 수 없을 것이다. 그러나 그가 폭발을 경험한다면 그럴 수 있을 것이다. 그러나 내가 제시한 사례에서 현실화－환자의 사고accident－는 이론에 근접하지 않는다. 그것은 그것을 반증하지도 않는다. 요구되는 것은 이론에 근접하는 현실화이다. 건전한 관점, 또는 일반적으로 알려져 있는 관점에서 볼 때 환자는 의미를 구성하기 위해 외적 현실의 세계에서 자신의 진술에 충분히 근접하는 현실화를 발견하기 어려울 것이다. 그의 전개념화와 쌍을 이루어 개념화를 생산해줄 수 있는 것은 없다. 따라서 좌표의 수직축이 표현하는 것과 같은 어떤 발전도 결코 존재할 수 없다. 그러나 심리적 현실의 세계에는 환자의 진술에 근접하는 현실화들이 존재한다.

프로이트 이래로 정신분석가들에 의해 인정된 이러한 사실을 과학자들은 충분히 고려할 수 없다. 그들은 단 하나의 부정적 사실이 그것[부정적 사실]이 반박하는 이론을 무효화할 수 있다고 생각한다. 이론에 대한 그러한 태도는 정신적 성장의 요소로서의 그것의 중요성을 무시하는 처사다. 내가 이 점을 강조하는 이유는, 진술의 이러한 성질을 인식하는 것이 분석가에게는 필수적이기 때문이다. 하나의 진술－어떤 과학적 이론도 마찬가지지만－이 심리적 현실의 영역에서의 현실화와 쌍을 이룰 수 있다는 사실을 자연과학자들은 무시한다. 그들이 근접화를 찾는 것은 물리적 현실화의 세계에서이며, 그들은 강도의 차이는 있지만 심리적 영역에서의 근접한 현실화의 존재를 두려워하고 혐오하기 때문이다. 이는 유보적으로 내 환자에게도 적용된다.

내 환자의 진술, 그 일화에 대한 그의 설명, 그것에 관한 느낌을 그가 혐오하는 것은 나의 해석을 필요로 했다. 간략히 말하면 그는 자신이 방귀라고 생각했다는 것이 그 해석의 일부이다. 나는 그의 연상들이 자신이 방귀라는 환상이 존재한다는 것을 지시한다는 것을 명확히 하기 위해 애썼다. 내가 아는 한, 그가 이것을 이해하는 데 두 개의 주요 장애물이 존재했다. 첫째, 그것은 그가 두려워했던 영역에 대한 인식을 포함하고 있었다는 것이다. 둘째, 그가 현실화(자신의 환상[내용])를 자신의 진술에 상응하는 현실화라고 인식했다면, 나를 포함한 다른 사람들이 그를 미쳤다고 생각했을 것이다.

명백히 이는 외부 관찰자가 보기에 중요한 무언가를 갖고 있다. 외적 현실이 그것[진술]에 근접하는 현실화를 제공해줄 것이라고 기대할 수 없다는 것, 따라서 환자의 진술에 대한 [옳은] 설명은 환자가 미쳤다는 것이라는 것이라고 결론지을 수 있다고 그가 생각한다면 말이다. 그러나 이러한 장애들을 무시한다면, 이제 다른 문제가 생겨난다.

환자는 방귀라는 진술에 근접하는 현실화가 그가 방귀라는 환상이라면, 순환논증으로서의 논리적 구성이 형성된다. 이는 그의 전형적인 다른 논증과 유사하다. 그가 화났다는 것이 드러난다. 그는 우울하기 때문에 화가 났다. 왜 그는 우울한가? 명백히, (그의 생각에 따르면) 그가 화났기 때문이다. 등등. 따라서 나는 이 일화의 상세한 부분을 고려하기 전에 순환논증을 고찰할 것이다.

나도 상당 부분 활용하는 순환논증의 경험은 이 논리가 많이 잘못된 것은 아니라는 것, 그것은 인과관계 이론을 내포하고 있다는 것, 그리고 아마도 모든 논리적 논증은 순환적이라는 것을 내게 확신시켜주었다. 논리 탐구의 고전적 사례도 순환논증을 활용하고 있다고 나는 믿는 경향이 있으므로, 나는 나의 환자의 경우와 같은 순환논증의 실패를 그 논법의 순환성이 아닌 다른 곳에서 찾아야 한다고 느꼈다. 나는 발생하는 어려움들이 (원의 사용을 하나의 모델로 확장시켜서 말하면) 지름에 달려 있다고 생각하게 되었다. 순환논증이 충분히 큰 지름을 가지고 있다면, 그것의 순환적 성격은 발견되지 않으며, 내가 아는 한 유용한 발견 – 공간에서의 곡률curvature과 같은 – 에 기여할 수 있다. 그러나 공간에서의 곡률은, 내가 그것을 이해할 수 있는 한, 사고와 인성의 발달을 유도할 정도로 아주 큰 지름을 가진 순환논증이라는 가정을 위한 모델을 나에게 제공해준다. 역으로, 지름은 원 자체가 사라지고 단지 한 점만 남을 정도로 축소될 수 있다. 순환논증도 이와 유사하다. 이를 내 환자의 경우와 관련해 다시 말하면, 순환논증은 그는 방귀**다**(is)라는 점으로 – '논증의 점으로in the point of the argument'라고 말하는 것이 아마 경솔한 것은 아닐 것이다 – 끝난다는 것이다.

환자로 되돌아가, 논증이 이런 방식으로 축소되지 않는다면 어떤 일이 발생하는지 상세히 살펴봄으로써 이 진술을 더 명확하게 설명하고자 한다.

에든버러 학회에서 발표한, 사고하기에 관한 나의 논문(1962a)에서 나는 '사고'와 '가슴-없음no-breast'의 관계를 지적했다. 사고는 자신의 발생을 대상의 부재에 빚지고 있다. 시간상의 이유로 나는 이것이 정의의 부정적 속성에 대해 갖고 있는 관계에 대해 상세히 설명할 수 없다. 그러나 고정적 결합을 묶는 요소로서 진술은, 고정적 결합은 이미 묶인 고정적 결합들 중의 어떤 것도 **아니**라는 것을 동시에 함축한다는 것을 나는 지적해야만 한다.

어떤 경우에는 '가슴-없음'이 말하자면 기하학적으로 지시된다. 달리 말하면 사고의 수학적 대응물은 점이다. 즉, 가슴이 있었던 장소를 표시하는 어떤 것이다. 이와 유사하게 직선은 남근이 있었던 장소 –'남근-없음'–를 표시한다. 가슴, '가슴-없음', 사고(가슴이 있었던 장소)에 대한 계속적인 공격이 논증을 형성하기 위해 논리적으로 결합된 사고들의 더 복잡한 결합 속에서 반복된다. 그리하여 우리는 '지름'의 계속적인 감소에 의해 결실 있는, 성장을 생산하는 순환논증이 축소되는 것을 목격한다. 그것이 불모의 순환논증이 될 때까지 말이다. 그리고 이 불모의 순환논증의 '지름'은 더 감소되어 마침내 원이 사라지고 단지 점만 남는다.

'순환논증'이라는 진술은 C행의 한 구획compartment으로 범주화될 수 있는 요소 이상의 것을 표현하는가? 지름이라는 관념을 포함하도록 모델을 확장하는 것의 유용성은 이에 대한 대답에 달려 있다. 지금 내가 임상 논문을 쓰고 있는 것이 아니므로 나는 임상적 재료들을 예증을 위해서만 제한할 것이다. 따라서 나는 여러분이 예증에 모델 – [나의 사적 사고의 일부분임에도 불구하고] 공적 의사소통에 기여할 수 있는 나의 사적 사고의 일부분 – 로서의 중요성 이상의 것을 부여하기 않기를 바란다.

자동차 사고에 관한 일화가 분석에서 등장한 후 일주일 또는 열흘이 지났다. 순환논증에 그의 주의를 집중시키는 것을 포함해, 해석을 제시하는 시간을 가졌다. 나는 그것의 지름이 작다고 말하지 않았지만, 그러한 생각을 마음속에 품고 있었다. 동일한 사실들에 대해 그가 두 개의 다른 견해를 갖고 있다는 사실에 자신의 주의를 집중시키는 어떤 해석에 대해서도 그는 두려움을 갖고 있다는 것을 나는 또한 그에게 보여줄 수 있었다. 해석이 새로운 것은 아니었지만 그 속에 어떤 반응을 생산하는 것처럼 보였다. 그의 진술들은 점을 다루기 위해 노력하는 것보다는, 점으로부터 거리를 유지하려 하기 때문에(나는 여러분이 이해하기 편하도록 느슨한 일상적 용어로 말했다) 계속해서 더 주목할 만했다. 또는 (이제 나는 내 모델을 활용한다) 그는 순환논증에 몰두하고 있었으며, 지름은 그를 원의 중심에 더 가깝게 데려다주는 것에 대해서는 아무것도 말할 필요가 없다는 것에 의해 결정되었다.

자동차 사고에 대해 처음으로 말한 이후에는 그 일화에 대해 직접적으로 다시 언급하지 않으면서, 그는 자동차 운전자가 자신을 빌어먹을 바보라고 불렀다고 말했다. 이제 자신은 더 기분이 좋다고 느낀다고 그는 말했다. 나는 이것이 다음을 의미한다고 생각했다. 그의 순환적 과정은 자동차가 그와 충돌했다는 진술과 '반대편에 있는opposite' 원 위의 점으로 그를 데려갔다. 적어도 시간 속에서 논증은 측정 가능한 지름을 가진 원이다. 그러나 순환 논증의 저 시기에 우리는, 그가 자신이 방귀라고 느꼈다는 해석을 포함해 많은 해석을 위한 기회를 가졌다. 그리하여 나는 그가 자동차 사고가 방귀와 자동차 그리고 운전자 사이의 성교라고 느꼈다고 말했다. 그는 기분이 더 나아졌다고 느낀다고 말했고, 자신이 미쳐가고 있다고 느낀다고 덧붙였다.

내가 예시하고 싶은 요점은, 작은 지름을 가진 원이 두 개의 진술의 짝짓기(쌍을 이루기, matching), 또는 두 개의 진술의 상관관계를 배제하지만, 그럼에도 불구하고 상대적으로 큰 지름을 가진 원보다 – [지름이 상대적으로 큰 원은] 미쳤다는 느낌이 동반되는 두 관념이 쌍을 이룰 수 있는 위험이 있기 때문에 – 선호된다는 것이다. 이에는, 의미가 달성되고자 한다면 상관관계를 가진 진술들 사이에 거리가 존재할 가능성이 있어야 한다는 것이 함축되어 있다. '미치는 것madness'이 두렵다면, 의미로 이끄는 작용이 회피된다. 따라서 순환논증은 의미와 미쳤다는 느낌의 결합을 막기 위해 지름이 작아야 한다.

예시를 통해 나는 정신분석의 현상들을, 좌표 범주들을 참조함으로써 평가될 수 있는 진술들(=변형들)로 고찰하는 것의 가치를 간략하게 지적하고자 했다. 나의 주장은, [좌표를 통해] 관찰의 정확성이 증가되며, 따라서 정신분석 이론에 더 가깝게 근접하게 된다는 것이다. 정신분석의 사건들과 그것들에 대한 해석 사이의 간극을 연결시키기가 더 쉬워진다.

결론적으로 나는 정신분석적 게임에 대해 간략히 언급할 것이다.[2)] 하루의 작업의 어떤 측면을 되돌아보는 과정에서 분석가가 자신이 제시한 해석들이 분석 재료가 필요로 하는 것들에 상

2) | 비온, 『정신분석의 요소들』, 눈출판그룹, 170쪽 이하 참조. – 역주

당히 정확하게 맞추어졌다고 가정해보자. 그는 자신이 환자의 진술들에 할당한 범주들을, 그가 자신의 해석들에 할당하게 될 범주들과 비교할 수 있다. 이것으로부터 그는 재료와 해석의 관계의 본성에 대해 고찰하는 것으로 나아갈 수 있다. 그러나 또한 자의적으로 그는 해석 또는 환자의 진술을 몇몇 다른 범주에 할당하고, 자의적인 범주화의 함의를 밝히기 위해 시도할 수 있다. 예를 들면 그는 자신이 만족하는 옳은 해석을 D2와 같은 2열 범주로 간주할 수 있으며, 그러고 난 후 해석이 옳다고 하더라도 그 해석이 무엇을 배제하는지 자문할 수 있다. 분석가는 자신의 창의력에 단순히 부담을 주기 위해서가 아니라, 자신의 직관 능력을 훈련하고 발전시키기 위한 방법으로서 유사한 훈련을 자신에게 부여할 수 있다.

무제

Untitled

서론

여기에 실린 글들은, 비온이 자신의 연구실에 혼자 앉아서 곧 있게 될 1977년 7월의 로마로의 초청을 생각하면서 강의와 세미나를 위해 녹음한, 두 개의 테이프를 내가 필사한 것이다. (그 세미나들은 1983년 『이탈리아 세미나Seminari Italinani』라는 제목으로 보를라Borla에 의해 출간되었다.)

그가 자신에게 말하는 것이 아니라 청중을 상상하며 말하고 있음이 분명하지만, 그는 편안하고 반성적이며 성찰적인 방식으로 이야기한다. 그는 자신이 '허송세월하고 있고', 거의 '생각 없이in a thoughtless way' 생각하고 있다고 간주하지만, 그는 '나의 무위의 그물the net of my idleness'에서 잡은 것이 무엇인지 볼 수 있기를 기대하고 있다. 그러나 이러한 언어적 숙고들cogitations은 몽상가의 게으른 방랑과는 거리가 멀다. 그 숙고들은 명확하고 날카로우며, 규율 잡혀 있고, 개인적인 특유의 유머 감각을 띠고 있다. 야생적 사고wild thoughts는 길들여지고, 길 잃은 사고는 집을 발견한다.

이 글에 등장하는 주제들은 그의 다른 저작들에서 발견될 수 있는 친숙한 것들이지만, 그는 단어를 하나하나 반복하는 일은 거의 하지 않는다. 그것들은 변형, 확장, 첨가, 그리고 몇몇 생생한 은유적 구절이다.

주로 가독성을 염두에 두면서 사소한 편집적 수정과 교정이 행해졌다. 이틀 동안 이루어진 녹음은 문장 중간에서 끝난다. 테이프가 끝났기 때문이다. 강연이 아니라.

프란체스카 비온

1977년 5월 28일

사고자 없는 사고가 등장하면, 그것은 '길 잃은 사고a stray thought' 이거나, 또는 주인의 이름과 주소가 그 위에 없는 사고일 것이다. 그러한 사고가 등장할 때, 그것에 대해 무엇을 해야 하는가라는 문제가 발생한다. 물론, 그것이 야생적이라면 여러분은 그것을 길들이기 위해 노력할 수 있다. 후에 나는 어떻게 여러분이 그 일을 할 수 있는지 고찰할 것이다. 그 사고의 주인의 이름과 주소가 부착되어 있다면 주인은 그것을 되돌려 받을 수 있다. 또는 주인은 여러분이 그것을 갖고 있기 때문에 언제든지 원하는 때 그것을 찾을 수 있을 것이라는 이야기를 들을 수 있을 것이다. 물론, 여러분은 그것을 훔치고, 주인이 그것을 잊어버리거나 도난당했다는 것을 알지 못하기를 희망할 수 있다. 그렇다면 여러분은 그 관념을 자신의 것으로 보관할 수 있다. 주인이 여러분으로 하여금 그것을 갖도록 허락한다면, 또는 여러분이 그것[야생적 사고]을 보관할 자격이 아주 많다는 것을 인정한다면, 그것을 독자 자신의 사고와, 여러분이 그 일원인 공동체의 사고 습관을 더욱 잘 따르도록 연마할 수 있다. 그것[야생적 사고]이 점차적으로 동화되어, 사고가 자신의 존재를 계속적으로 이어나가는 곳인 집단 또는 개인의 총체성의 본질적 부분이 될 수 있도록 말이다.

여기에서 내가 관심을 갖고 있는 것은 어떤 종류의 소유권도 직접적으로 추적할 가능성이 없는, 또는 심지어 그 특수한 사고의 발생genealogy에 대해 알 수 있는 어떤 종류의 방법도 없는, 등장한 야생적 사고다.

무엇보다도, 이 길 잃은 사고가 무엇인지 고찰함으로써 문제에 접근하는 것이 가장 간단해 보인다. 우리는 어떤 정신적 틀, 또는 어떤 조건 하에서 이 야생적 사고가 등장해 우리의 사고 방법method of thinking에 사로잡히게 되는지 의문을 품음으로써 그것에 대한 단서를 얻을 수 있을 것이다. 그것은 우리가 잠들었을 때 우리에게 등장하는 것처럼 보인다. 내가 '우리가 잠들었을 때'라는 표현을 사용하는 것은, 그것이 대부분의 사람들이 친숙하다고 생각하는 정신의 상태이기 때문이다. 따라서 우리는 이 어느 정도 친숙한 관념으로부터 출발할 수 있다.

나는 우리가 잠들었을 때라는 특수한 정신 상태, 또는 우리가 무의식적일 때라는(이는 우리가 우리의 사고와 느낌을 알지 못하는, 또는 아주 잘 알지 못하는 상태에 있다는 것을 의미한다), 정신분석적 사고의 심지어 진부한 표현이 된 정신 상태에 대해 고찰하고자 한다. 우리가 잠들었을 때 발생하는, 우리의 개인적 역사와 민족의 역사에서 역사적으로 우리에게 잘 알려져 있는 몇몇 특수한 사건도 존재한다. 그것들은 종종 꿈이라고 말해지는 것이다. 그러나 나는 그것이, (자신은 아무데도 가지 않았고 침대에 있었고 잘 잤다 등등이라고 말하는 사람에게, 우리가 진정으로 알고 싶은 것은 그가 어디로 갔었으며, 그가 그 시간 동안에, 즉 그가 말하듯이 잠들어 있는 동안에 무엇을 보았는가라는 것이라고 우리가 말할 때) 발생하는 사건들과 훨씬 더 잘 양립할 수 있는 것이라고 또한 생각할 수 있다고 본다. 그는 아무 데도 가지 않았고, 단지 잤을 뿐이라고 반복해서 말할 가능성이 더 많다.

프로이트는 꿈은 더 깊이 고찰할 가치가 있다고 생각한 특별한 사람들 중 한 사람이었다. 꿈은 종종 그러한 가치가 있었다. 「창세기」에서 꿈에 대한 해석이라고 간주되는 것을 포함하는 꿈들이 보고되었다. 또한 예들 들면 「다니엘서」에 아주 잘 알려진 유사한 꿈들이 보고되어 있다. 거기에서[3] 메네, 메네, 우르바신이라는 형상들이 보고되었는데, 그것들은 무게와 길이가 측정될 수 있는 것이므로 충분히 직접적인 형상들인 것처럼 보인다. 그러나 그것들에는 꿈꾸었던 사람으로 하여금 이 단어들의 명시적 의미가 아닌 어떤 다른 의미를 갖고 있다고 느끼도록 이끌어갔던 무언가가 있었다. 왜 그가 그렇게 생각해야만 했는지 나는 알지 못하며, 우리는 앞으로도 알지 못할 것이다. 그러나 그는 자신의 관념과 조화되는 것처럼 보이는 [누군가를], (옳은 것임이 입증되었다고 말해지는) 해석을 제시할 수 있는 언어를 제공해준 누군가를 실제로 발견했다.

3) | 「다니엘서」 5장 25절. – 역주

나는 이 문제를 더 깊게 고찰하지 않으려 하며, 단지 이러한 특수한 정신 상태 – 우리가 어떤 것을 보았고 어떤 장소로 갔던 정신 상태 – 가 존재한다는 것을 여러분에게 상기시키고자 한다. 그러나 우리가 '깨어났기' 때문에 우리의 정신 상태가 변화했을 때, 우리는 이러한 사실들, 이러한 여행들, 우리가 본 것들을 무시한다. 그것들은 단지 꿈일 뿐이라는 이유로 말이다.

이러한 길 잃은 사고들 중 하나가 등장한다면, 나는 방황stray을 임시로 붙잡아 둘 수 있는 어떤 범주들을 동원함으로써 그것을 받아들일 준비를 할 것이다. 그것은 어떤 범주인가? 그것에 꼭 맞는 단어를 발견하는 것은 어렵다. 내가 알고 있는 어휘들이 지금 내가 원하는 목적에 아주 적합하다고 생각하지 않으므로, 나는 그것을 '상자'라고 부를 것이다. 내가 생각하는 첫 번째 상자는 내가 통상적으로 사고라고 부르는 것만큼이나 일시적인 것, 즉 물질적physical인 것에 대해 적절하지 않다. 나는 그것을 '베타요소'라고 부를 것이다. 나는 그것이 무엇을 의미하는지, 무엇인지 알지 못한다. 그리고 그것은 등장하지 않았기 때문에 나는 여전히 모른다. 그러나 어쨌든 낯선 피조물strange creature이 존재하고 나의 은신

처로 흘러들어오고 있다면, 베타요소는 존재한다.

좀 더 복잡한 어떤 것이 있다. 즉, 마찬가지로 물질적 피조물이지만, 나에게 원초적인 사고 또는 느낌 – 정신적 반작용의 일종의 원형 prototype인 어떤 것 – 을 불러일으키는 물질적 피조물 말이다. 이것들을 나는 '알파요소'라고 부를 것이다. 마찬가지로 나는 그것에 대해 많이 알지 못한다. 그러나 나는 내가 그것의 존재를 알고 있는 정신 상태에 있어 왔다고 생각한다. 즉, 나는 내가 위통 또는 두통이라고 부르는 것을 갖고 있다. 또는 누군가가 내가 매우 안절부절 못하고 이리저리 움직인다고 내게 말하는 것이 가능하다. 나는 내가 있었던 학교 요양원에서, 상당히 정말로 인상적인 상태에 있었고 그런 말을 듣기를 좋아했던 때와 관련해 그것을 기억한다. 나는 사고를 당한 후에 망상적이 되었다는 말을 들었다. 내가 그렇게 심각한 병에 걸렸다는 사실이 동료들 사이에서 어떤 명예를 내게 가져다주었다. 이 단계 동안 나는 실제로 방에서 의자를 들어서 던졌다. 다행히도 아무도 다치지 않았다.

또한 나는 꿈을 꾸었다고 말해야 한다는 생각이 지배적이던 시기가 있었다. 그러나 나는 단지 신체적 고통을 느낀다고만 말할 수 있었다. 나는 팔이 아팠던 것이다. 나는 깨어난 후 심지어 내 팔이 뻣뻣해졌다고 기억한 적도 있다. 바로 이러한 종류의 것이, 그것이 등장한다면, 내가 이 범주 속에 넣고 싶은 것이다.

또한 내가 반쯤 깨어 있고 반쯤은 잠든 상태가 있다. 내가 완전히 잠에서 깨어났을 때 이해할 수 있었던 어떤 관념을 나는 그때 갖고 있었다. 나는 시각적 이미지에 대한 언어적 정식화들로써 내가 잠자면서 꿈꾸었거나 보았던 것을 여러분에게 말할 수 있다. 그때서야 나는 내가 다른 정신 상태에, 즉 정신의 의식적 또는 깨어 있는 틀 속에 있다고 생각할 수 있었다. 다시 나는 어려움에 처해 있다. 그것을 무엇이라고 부를지 사실 알지 못하기 때문이다. 아마도 여러분이 내가 말하고자 하는 것을 잘 파악할지도 모른다. 이 단계에서는 내가 다시 숫자로 되돌아가, 베타요소를 1, 알파요소를 2라고 부르면서 그것들에 의존하는 것이 더 나을 수 있을 것이다. 이러한 회화적 이미지 등을 나는 3 또는 C라고 범주에 넣을 수 있을 것이다. 그것들은 A, B, C, 그리고 1, 2, 3일 수 있고, D4, E5, G, H… 일 수도 있다. 잠에서 점점 더 깨어남에 따라 나는 망설인다. 왜냐하면 나는 동시에 이 상자들을 조금 다른, 또는 명백히 다른 피조물들을 위해 사용하고 싶기 때문이다. 따라서 나는 그것의 부정적 판본들을 수학적으로 무엇이라고 부를 수 있을까 고찰했다. 그것들은 H-, G-, F- 등으로 표시하기 시작해 영(0)으로 내려갈 수 있다. 이러한 방식으로 우리는 동물원을 위한 [여지], 주인이 없는, 또는 주인이 있는, 많은 길 잃은 것과 사고를 위한 여지를 가질 수 있게 되었다… (일시적으로 녹음이 중단됨)

내가 지금까지 말한 것의 장점은 내가 그것을 적고, 종이에 기록하고, 적절한 표시를 붙일 수 있다는 것이라고 나는 생각한다. 나는 그것을 여러분에게 전달(의사소통)하기 위해 노력할 수 있다.

그것에 대해 반복적으로 생각하면서 나는 어느 정도 불만스럽다는 것을 깨닫는다. 또한 나는 내가 결코 완벽하게 만족할 수 없다는 것을 느끼고 있지만, 이 길 잃은 것들을 위해 하나 또는 두 개의 다른 가능한 방법을 고려함으로써 내 불만족을 어떤 좋은 목적을 위해 사용하고자 할 것이다.

그것들이 내게 보이게 된다면, 나는 그것들을 적절한 색으로 표시할 수 있을 것이라는 생각이 떠오른다. 예를 들면 내가 꾸었던 꿈으로부터 단서를 취하는 것이다. 하늘의 파란색, 피의 붉은 색, 황토의 노란색, 즉 흙의 색 같은 색들 말이다. 그것들은 원초적 색들이며, 이 원초적 색들은 매우 유용할 수 있다. 내가 베타요소라고 불렀던 것과 관련해서 상황은 더 어려워진다. 나는 그것을 무슨 색으로 불러야 할지 알지 못한다. 암흑과는 다른, 암흑 속에 약간의 빛을 포함하고 있는 '대략 암흑색'이라고 임시로 말하는 것이 아마도 좋을 것 같다. 암흑은 절대적으로 어떤 빛도 없는 색이다. 빅토르 위고가 '무neant'로 언어화한 빛도, 또는 셰익스피어가 '소리와 분노로 가득 찬 바보가 말한 (아무것도 의미하지 않는, 즉 0을 의미하는) 이야기'에 대해 말할 때(『맥베스』, V. iii) 그가 언어화한 것은 어떤 빛도 아니다. 나는 그것을 아주 기뻐하지 않는다. 왜냐하면 그것에 대해 어느 정도 직선적 방식으로 생각하면서 나는 이 양수들positive numbers과 문자들로 시작해 마이너스 1, 2, 3, 4로 무한히 내려갈 수 있기 때문이다. 나는 그것이 [심지어] 적외선과 자외선 [이라는 용어]로 이끌어갈 것이라고 생각한다. 만약 그것이 수리논리적 범주화라면, 거기에서 나는 '무한성'과 같은 용어를 사용해야 할 것이다. 내가 수학자나 예술가가 아니라는 것의 최대 단점은 내가 너무나도 유아 또는 태아의 위치에 있다는 것이다. 그리하여 나는 표현 또는 의사소통의 적절한 방식들을 갖고 있지 않으며, 내게는 여러 면에서 의사소통할 수 있는 많은 것이 없다고 생각한다. 나는 유아가 자신이 외롭거나 배가 고프다는 것을 알리고 싶어 할 것이라고 가정한다. 그리고 나는 지금 내가 처해 있는 이 특수한 세계에서 먹을 것을 필요로 하며, 내가 의사소통할 수 있는 누군가를 필요로 한다. 내가 엄청나게 하고 싶은 말이 많아서가 아니라, 고통스럽게도 내게 친숙한 정신 상태 – 내가 끔찍할 정도로, 즉 문자적 의미와 은유적 의미에서 알지 못하는 정신 상태 – 속에 내가 처해 있기 때문이다. 바로 그것이 내가 어떤 종류의 관계망 – 이 속에서 나는 내가 이용할 수 있는 어떠한 사고를 붙잡을 수 있다 – 을 발견하는 것이 긴급한 일이 된 이유인 것이다.

나는 여러분이 내가 이미 어려움에 처해 있다는 것을 볼 수 있다고 생각한다. 따라서 나는 어떠한 사고에도 적합할 만한 몇몇 추가적인 잠정적 범주화를 다시 선택하고자 한다. 내가 가까이 갈 수 있는 것은, 음악가들이 알고 있으며 매우 성공적으로 발전시킨 종류의 것이다. 아주 어렸을 때 나는 동물원에서 어떤 동물을 본 적이 있다는 것을 기억한다. 이 동물은 동물원 우리의 창살에서 뿔을 달그락거리는 소리를 내고 있었다. 이 동물에게 특이했던 점은 그것이 전적으로 리드미컬하게 계속 움직인다는 것이었다. 그것이 너무나 특별했기 때문에 나는, 나와 함께 있던, 그 자신도 매우 민감한 사람이었던 성인의 주의를 집중시켰다. 그리고 그도 이것이 기록될 수 있을 만큼 특이하고 명확하게 확립된 리듬이라는 것을 인식했다.

나는 여전히 이러한 리드미컬한 의사소통에 의해 자극된다. 드럼 연주단이 공연하는 것을 듣는 것은 매혹적이다. 그것은, 한 시인이 '멀리 있는 드럼의 용감한 음악'에 관해 이야기하면서 기술했던 것과 같은 영향을 내게 미친다(피츠제럴드, 『오마르 카이얌의 루바이야트』, 1859, p xii). 나는 전쟁터에서 우리를 따라다녔던 고지 사단 Highland division의 백파이프 음악을 멀리서 들었을 때 믿을 수 없을 정도의 감동을 받았던 것을 기억한다. 그 후로 나는 오스버트 랭카스터가 영국 군대의 현존을 보여준다고 기술한 '무조음악 단편들'을 포함해 여러 종류의 음악을 들었다. 내가 처음으로 스트라빈스키의 '페트루슈카'를 들었을 때 나는 그것을 잘 이해하지 못했고, 음악이 아주 좋지는 않지만 정교하다고 생각했다. 후에 이에 대해 다시 언급할 기회를 가질 것이다.

나는 이런 방식 – 거의 사고가 없는thoughtless 것이라고 기술할 수 있는 방식 – 으로 생각하면서 내 시간을 빈둥거리며 보내고 있다. 내가 어렸을 때 그것에 사로잡혀 있었다면, 누군가가 '도대체 너는 왜 할 일을 찾지 않니?'라고 말했을 것이다. 내가 그 빈둥거림의 그물에서 어떤 것을 붙잡는 경우에 대해 이제 살펴보려고 한다.

이에 대한 첫 번째 예는 무엇인가? '아주 성공한 남자와 여자들 모두 굴뚝청소부처럼 흙으로 돌아가야 한다.' 이 길 잃은 것은 자신에게 붙여진 이름과 주소를 갖고 있다. 셰익스피어의 말이다('아주 성공한 젊은 남자와 여자들', 『심벨린』, IV, ii). 내가 알고 있는 유일한 주소는 스트래드포드-어폰-아본이다. 그러나 어쨌든 그도 죽었다고 나는 결론 내릴 수 있으며, 따라서 나는 실제로 그의 것이라고 간주되는 이 소유물 하나를 채택할 것이다.

유감스럽게도 그것은 내게 아주 진부해 보인다. 그것은 내가 '그래 알고 있어… 그래 알고 있어' – 커다란 의심 및 슬픔과 관련해 내가 배웠던 말들 – 라고 말할 수 있는 것들 중 하나다. 나는 '그래 알고 있어' 또는 '당신은 알고 있어'라는, 계속 반복되는 표현을 들을 때마다 슬퍼진다. 내가 알고 싶거나 의사소통하고 싶은 것에 도달하거나 의사소통하는 것이 매우 어렵다는 것을 나는 알고 있기 때문이다. 그렇지만 그것을 위한 여지는 존재하지 않는다. 나를 포함해 모든 사람이 이미 이를 알고 있다. 그 속 어디엔가 파묻혀 있는 사고, 또는 아마도 어떤 지혜를 발견하고자 하는 희망을 품고 이 지식을 발굴하는 것은 거의 고고학적 탐사와 같다.

어떤 점에서 볼 때 이는 내가 정신분석 회기에서 경험했던 것과 유사하다. 내게 왔던 환자들은 모두 내가 말해야 하는 것들을 이미 거의 다 들어본 적이 있다. 그들은 책에서 그것을 읽었고, 정신분석가와 정신과 의사, 그리고 치료에 대해서 들었다. 그들이 내게 말해야 하는 것은 또한 깊숙이 파묻혀 있다. 그들은 그것을 말하는 것에 너무 익숙해 있고, 그들이 말하는 것을 들어줄 사람을 찾기 위해 애쓰는 것이 시간 낭비라는 것을 너무 잘 알고 있다. 지혜의 작은 한 조각에 도달하기 위해 요구되는 것처럼 보이는 종류의 탐사는 너무나 위협적이기 때문에, 사람들은 삽이나, 또는 오늘날의 원자폭탄도 그것에 도달하지 못할 것이라고 느낀다. 그러나 의사소통의 이러한 강력한 수단이 때때로 어떤 가치 있는 것을 드러내줄 수 있다고 내가 확신함에도 불구하고, 지구라트의 고고학적 탐험의 방식으로 원자폭발을 옹호하지는 않을 것이다. 당연하게도, 아더 에반스 경과 같은 극히 박식하고 현명한 사람들도 그들이 탐험과 재구성을 통해 밝혀낸 것보다 파괴한 것이 더 많다는 이유로 비난받았다. 고고학자들이 어떤 중요한 대상처럼 보이는 것에 도달했을 때 매우 조심해야 하고 삽이 아니라 낙타 털로 만든 붓에 의지해야 하는 것처럼, 분석가도 언제 이러한 조잡하고 폭력적인 방법을 버려야 하며, 언제 삽보다 훨씬 더 부드럽고, 훨씬 더 드러내주는 것이 많으며 덜 파괴적인 것을 선택해야 하는지 알아야 한다. 왜 정신분석을 조심스럽게 행할 필요가 있는지 알기는 어렵다. 한 가지, 유일한 한 가지 이유는, 상황이 너무 위태롭기 때문이며, 따라서 자기 자신이나 자신의 협력자 – 즉, 환자 – 속에서 지혜를 성취하기 위한 최소한의 조건을 발견하는 것이 너무나 어렵기 때문이다.

우리가 발견한 다음 것으로 되돌아가자. '아주 성공한 남자와 여자들 모두 굴뚝청소부처럼 흙으로 돌아가야 한다'. '그래 나는,

우리 모두는 알고 있어, 그리고 한때 또는 학창시절에 강제로 배웠던 셰익스피어의 다른 구절들에 대해서 그랬던 것처럼, 지겨워 죽을 정도로 알고 있어.'

휴 케너는 우연히 워릭셔의 한 촌뜨기가 말하는 것을 듣고, 아마도 셰익스피어 시대에 통용됐을 법한 추가적 의미를 발견했다. '아주 성공한 남자와 여자들'은 꽃잎이 떨어졌을 때 굴뚝청소부의 빗자루처럼 보이기 때문에, '굴뚝청소부'라고 알려져 있던 민들레를 지칭할 수 있다는 것이다. 이러한 관점에서 볼 때 셰익스피어는 간단하고 단순한 언어를 사용한 것일 뿐이다. 하지만 그 단순하고 간단한 언어는 셰익스피어가 원래 사용한 단어들의 일상적 의미를 완전히 잊어버린 사람들에게 어떤 관념을 전달했고, 그것들을 수백 년 동안 지속된 불후의 구절로 변형시켜 의미를 전달했던 것이다. 우리가 알고 있듯이 유사한 상황들이 그에 의해 만들어졌다. '나의 총안이 있는 흉벽my battlement 아래로 불행히도 던컨이 들어오는 것 때문에 구슬프게 우는 까마귀는 스스로 목이 쉬었다'(『맥베스』, I. v). 이 문장에서 가장 어렵고 가장 긴 단어는 '총안이 있는 흉벽battlement'이다. 문장 전체는 매우 깊은 울림을 자아

내며 심오한 느낌을 불러일으킨다. 그렇다면 우리가 우리에게 떠오르는 관념을 기술하거나 또는 정식화하거나, 말하자면 붙잡고 싶을 때, 또는 아마도 다른 사람에 의해 전달되지만(의사소통되지만) 우리에게 친숙하지 않은 꿈속에서, 또는 정신의 틀 속에서 우리에게 다가오는 — 우리가 잠들었든 깨어있든 상관없이 — 관념을 우리가 기술하고 싶을 때, 우리가 활용해야 하는 언어는, 의사소통의 방법은 무엇인가?

내가 표현하고 싶은 것은, 우리가 정신분석가이고, 따라서 사고의 그러한 영역에 관심을 갖고 있다면 경험할 수 있는 종류의 경험이다. 사고의 어떤 영역인가? 라고 여러분은 질문할 수 있을 것이다. 우리는 '정신분석'과 같은 단어들을 사용한다. 그것들은 긴 단어, 추한 단어, 인상적인 단어, 의미가 결여된 단어들이다. 나는 단지 이렇게 말할 수 있을 뿐이다. '당신이 내가 말하는 것이 무엇인지 알고 싶다면 분석을 받아야 한다, 또는 분석가가 되어야 한다.' 그러나 내가 그것을 의사소통하거나 전달하고자 한다면, 이는 불만족스러운 말이다. 분석 경험, 실재적 사물, 기본적 사물, 근본적 사물은 보존할 가치가 있으며, 따라서 다음 주, 내년, 다음

세기, 그리고 아마도 3-4백년 후의 사람들에게 의사소통할 가치가 있다고 우리는 생각한다. 그들에게 정보를 주기 위해서가 아니라, 그들로 하여금 사고의 노정path of thought을 볼 수 있도록, 또는 우리 앞에 펼쳐져 있는, 그리고 아마도 오랫동안 우리 앞에 펼쳐져 있게 될 존재를 볼 수 있도록 – 그것을 볼 수 있는 사람이 존재한다면 – 하기 위해서 말이다.

'그들은 수년 전에 숲으로써 길을 닫았다.' 이것은 키플링이 숲속을 질주하는 말들의 소리를 기술하는 시의 마지막 부분이다(그들은 숲으로써 길을 닫았다/70년 전에. 숲속으로 난 길을[4]). 용어를 은유적으로 사용함으로써, 즉 우리가 지금, 내일 그리고 미래에도 항상 관심을 갖고 있는 것에 관해 이야기하는 방법으로 용어를 사용함으로써 우리는 여전히 존재하는 숲에 대해 이야기할 수 있다. 숲속으로 난 길은 나무들, 그리고 심지어 갑자기 생겨나는 숲 때문에 없어질 수 있기 때문에, 우리는 매우 특별한 형태의 발굴에 관심을 갖고 있다. 우리는 철자법을 배울 수 없는 아이를 종종 만난다.

4) | 괄호 속의 표현은 원서의 편집자가 한 것임. –역주

이런 경우 선생은 아이가 바보라는 이유로 반감을 갖게 되지만, 우리는 여러 가지 이유로 아이가 왜 자신이 철자를 배워야 하는지 알지 못하거나 이해하지 못할 수 있다는 사실을 잊어버린다. 어쨌든, 우리는 철자법은 알지만 단어를 볼 수 없는, 단어는 알지만 문장을 보지 못하는, 그리고 전문용어라는 풍부한 수확, 또는 언어라는 잡초들 – 정신분석에 그 어떠한 의미가 조금이라도 존재한다고 믿는 것을 어렵게 만들 정도로 어떤 기후에서 특히 빠른 속도로 성장하고 번창하는 전문용어라는 수확, 또는 언어라는 잡초들 – 의 배후 어디엔가 숨어 있는 인간의 정신을 확실하게 보지 못하는 환자들이 존재하며, 나는 이러한 상황에 친숙하다.

프로이트는 다음과 같은 샤르코의 진술, 즉 상황을 이해하지 못할 때, 어떤 진단을 내려야 할지 알지 못할 때는, 모호함이 패턴에 의해 침투되기 시작할 때까지 기다려야 하며, 그러고 나면 우리가 보는 패턴이 무엇인지 정식화할 수 있을 것이라는 샤르코의 진술에 아주 커다란 감명을 받았다. 우리와 관련해 말하면, 우리는 개별적인 것처럼 보이는 것에 직면한다. 우리는 보통의 경우 최근에 발달된 인간의 능력에, 즉 분절된 언어를 정교화하고 사용하는 인간의 능력에 집중한다. 물론 그것은 매우 강력하고 유용한 성취물이다. 분절된 언어와 같은, 상대적으로 최근에 발달한 테크닉을 사용하는 것이 가능한 정신의 상태를 우리는 갖고 있다. 그러나 또한 우리는 근원적인, 기본적이고 근본적인 특징을 발굴하기 위해, 많은 모호한 단어, 사고, 소리, 신체적 느낌, 신체적 증상과 싸워야 한다. 얼마 전에 의사들은 환자가 부종dropsy이라고 알려진 질병을 앓고 있다는 것을 발견하고 매우 만족했다. 부종으로 알려져 있는 질병을 발견한 후에, 그들은 그러한 병은 존재하지 않는다는 것을 발견한다. 모든 종류의 질병 – 심장질환 등 – 이 존재한다. 일견 근원에 더 가까이 접근함으로써 얻을 수 있었던 만족에도 불구하고 이는 매우 실망스러운 일이다. 여러분의 사무실에 출근하는 남자 또는 여자는 어떠한가? 이 사람은 여러분이 항상 발견하고 싶은 가장 강력하고 박식한 협력자다. 이 외로운 직업에서 우리는 혼자의 힘으로, 홀로 모든 것을 해야 한다. 비록 동시에 누군가 다른 사람과 함께 치료실에 우리가 있지만 말이다. 이 '누군가'는 도움 요청을 위해 거기에 오는 사람이며, 우리가 필요로 하는 가장 강력한 도움을 위해 우리가 항상 발견하고 싶은 사람이기도 하다.

우리가 신체적 질병에 관심이 있다면 우리는 육체가 말하는 언어를 배워야 한다. 우리는 표현, 불그레한 건강한 얼굴, '무례한' 건강을 볼 수 있고, 이를 모호한 혈액 질병 등과 구분할 수 있다. 죄책감이 거짓말하고 속이는 능력의 증대를 – [거짓말하는] 당사자와, 유아가 죄책감을 보일 수는 있지만 [유아 자신은 거짓말하고 있다는 것을] 모르는 그 가정된 죄를 탐지할 수 있는 사람 둘 다에게 – 촉진시키기 때문에, 인간은 다른 동물들과 달리 거짓말할 수 있고, 아마도 아주 이른 시기부터 거짓말하고 거짓 정보를 전달할 수 있다. 그렇다면 이러한 거짓말, 이러한 진술, 무례한 건강의 속이는 불그스레한 얼굴, 운동선수의 신체적 건강과 능력이라는 외양, 남자의 육체가 보여줄 수 있는, 발기 가능한 조직의 능숙함의 정신적 대응물은 무엇인가라는 질문이 제기된다.

사람들은 남자가 남근을 갖고 있으며, 그것이 발기되는 것을 눈으로 볼 수 있기 때문에 그가 성적 능력을 갖고 있다고 가정한다. 발기의 어떠한 표식도 발견할 수 없는 여자의 경우 이는 훨씬 더 많이 숨겨져 있지만, 여자도 성적 능력을 많이, 아마도 그녀가 보고 있는, 또는 그녀가 성적 능력을 기대하고 있는 남자보다 더 많이 갖고 있을지도 모른다. 우리 모두는 어머니들이 자신의 아기들이 젖꼭지를 발기하게 만들기 때문에 아기에게 젖을 먹이는 것이 어렵다고 느끼는 상황이 있다는 것을 알고 있다. 유아도 이러한 특별한 감각들에 대해 어머니가 두려움 – 이러한 두려움은 아기에게 젖을 먹이는 것 자체가 발기의 표식을 드러낸다고 가정하기 때문에도 생겨난다 – 을 느끼기 때문에 젖 먹는 것을 어렵게 생각한다. 이 모든 것은 신체적인 것이다. 그러나 그것의 심리적 또는 정신적 대응물이 무엇인지 나는 알지 못한다. 바로 그것이 내가 나의 다양한 베타요소, 상황 – 이것들은 사고가 아니다. 그리고 내가 '이 환자가 그것들에 대해 무슨 생각을 하는지 안다고 생각한다'고 말하는 것이 더 쉬운 일이지만, '그것들이 사고한다고 하더라도 그것들은 그것들이 사고가 아니라고 말할 것이라고 나는 기꺼이 확신한다' – 을 넣어 두자고 제안하는 이 상자를 계속 보유하는 것이 유용하다고 생각하는 이유다.

내가 이미 언급한 바 있는 문제로 되돌아가자. 나는 환자에게 '당신은 지난밤에 어디에 있었으며 무엇을 보았습니까?'라고 말할 수 있고, 그들은 '아무 데도 가지 않았고 아무것도 보지 못했다'고 말한다. 그들은 잠들었고, 침대에서 잠들었고, 따라서 그들이 어딘가에 갔고 무언가를 보았다는 것을 격렬하게 부인할 수 있다. 여러분이 자신의 시각과, 대화 또는 토론의 주제를 지리학적 운동에 제한시킨다면, 방문하지 않았다고 말할 수 있는 많은 장소가 존재한다는 것은 전적으로 진실일 것이다. 맨덜레이는 어떻게 생겼습니까? 또는 폰디체리는? 또는 사마르칸드는? 또는 예루살렘은? 어떤 사람들은 그 장소에 대해 기술할 수 있을 것이다. 그들은 그 장소가 어떻게 생겼는지 알고 있다. 그들은 여행을 너무 많이 다녔고, 다른 장소와 마찬가지로 이 장소를 너무 많이 알고 있기 때문에, 그들은 내 질문에 진정으로 대답하지 못할 것이다.

'성sex'이 의미하는 것은 무엇인가? '오이디푸스 상황'이 의미하는 것은 무엇인가? 가능하다면, 단지 두 사람, 즉 분석가와 피분석자만이 존재하는 위치에서 그것을 찾아보라. 이 이야기를 어디에 위치시킬 것인가? 어쨌든, 그 이야기는 무엇인가? 여러분은 원한다면 그것을 신화 사전에서 찾아볼 수 있다. 나는 왜 스핑크스가 아주 자주 언급되지 않는지 알지 못한다. 그것은 아마도 스핑크스가 자살했고, 따라서 우리는 우리의 호기심을 발동해야 하는지, 그것을 없애야 하는지 알지 못하기 때문일 것이다.

우리는 정신분석 이론에 너무나도 친숙해서 근본적 요점이 무엇인지 말하기가 어려워졌다. 자유연상이 그런 것이다. 그러나 때때로 우리는 정신분석은 다음과 같은 것이라고 듣는다. 우리는 모두 멋진 시간을 보내고 있으며, 잡초 사이를 배회하면서 야생의 아름다운 꽃을 꺾고 검은 딸기 관목에 감탄하지만, 잠자는 숲속의 미녀의 잠을 방해하지는 못한다. 관목들 사이 어디엔가 깊이 잠들어 있는 지혜에 가까이 가지 못한다는 것이다. 그것은 지구라트의 흙더미 아래에, 또는 우르, 갈대아 또는 크노소스 지역의 어디엔가 단지 문자적으로 파묻혀 있는 것이 아니다. 그렇지만 델피의 신탁은 어떠한가? 저 목소리가 어떤 방식으로든 들리는가? X 박사와 이 지루한 여자, 또는 어떤 도착적 남자에 관한 문제에 부딪쳤을 때, 지식의 이러한 축적물들 아래에 여전히 화염으로 크게 번질 수 있는 지혜의 이 불꽃이 파묻혀 있다고 가정하면, 이 소리가 매우 낭만적으로 들리는가? '그래요, 그럴 수 있어요. [그러나] 그러지 마세요. 당신이 불꽃을 불어 화염을 만든다면, 당신은 큰

화재를 일으키는 겁니다. 그리고 그것이 어떻게 끝날지 아무도 몰라요'라고 말하는 사람은 항상 존재한다. 여전히 다음과 같이 말할 사람도 많다. '이 무서운 프로이트주의자들과 클라인주의자들이 세상에 오기 전까지 세계는 괜찮았어요. 그들은 이 모든 성적 방탕과 총체적 무질서에 책임을 져야 할 사람들이죠.' 프로이트 자신이 지적했듯이, 사람들이 의사들에 대해 그들이 항상 새로운 질병을 발견하고 발명한다고 불평하는 상황에는 새로운 것이 없다. 의사들이 그렇게 하는 데 관심이 많은 것은 결국 그들은 병을 치료하고 돈을 받기 때문이다. 이러한 불평은 어느 정도 타당성이 있다. 타락, 부정직, 사기가 들어설 여지가 많다. 그러나 심지어 그렇다고 하더라도 나는 우리가 '의학medical science'이라고 부르는 것에 대해 무언가 할 말이 있다고 생각한다. '과학'과 같은 용어들이 너무나 가치가 떨어졌다는 것이다. 그것들은 명칭을 발견하기가 불가능한 동전들과 같다. 과학은 너무 닳았기 때문에 그것 위에 원래 표시된 [과학의] 목적이 무엇인지 식별하고 이해하는 것이 더 이상 가능하지 않게 되었기 때문이다.

내가 하고 싶은 것은 우리 모두가 관심을 갖고 있는 영역을 지적하는 것이다. 후에 나는 어떻게 우리가 우리의 관심사를 가치 있는 행동으로 변화시킬 수 있는지 고찰하기를 희망한다.

지금은, 이러한 특수한 관점에서 볼 때 우리의 능력들 중 어떤 것이 가치 있는지를 고찰하고자 한다. 우리는 우리가 오늘이나 내일 만나는 사람이 어떤 사람인지 사실 알지 못한다. 우리가 이미 알고 있는 것, 그리고 환자가 이미 알고 있는 것은 중요하지 않다. 과거는 과거일 뿐이다. 어쨌든 그 용어는 분절된 표현의 편의를 위한 일부이다. 우리가 기억된 일들에 관심을 갖는 이유는 그것이 무엇인가라는 것 때문이 아니라 –물론 그것은 그 자체로 매우 중요하다– 그것이 여러분에게 또는 나에게 또는 우리에게 지금 남긴 표식 때문이다. 이것들 중 어떤 것을 어떻게 발견할 수 있는가? 발생학자들은 우리가 퇴화한 꼬리, 아가미의 갈라진 틈 등을 발견할 수 있다고 말한다. 이것들은 우리가 매우 원시적인 유형의 어류로부터 분화되었다는 것을 암시하는 것처럼 보인다. 그러나 그것이 신체적으로 사실이라고 할지라도, 또한 그것은 정신적으로도 그럴 수 있다고 나는 생각한다. 인간의 정신 또는 성격 속에, 오랜 역사를 가진 입자, 우리가 근본적이고 기본적이며 원초적인 것이라고 기대하는 것들의 흔적이 **현재에도** 여전히 존재할지 모른다.

이러한 잔존물들 중 어떤 것이 우리가 지금 대화 상대로 삼고 있는 사람들의 인간의 언어에서, 그리고 말하고 있는 우리 자신 속에서 자신을 드러내는가? 바로 그것이 내게는 정신분석의 근본적 발견들 중 하나인 것처럼 보인다. 정신의 태곳적 상태, 태곳적 사고와 관념, 행동의 원초적 패턴, 이 모든 것은 가장 문명화된, 교양 있는 사람들 속에서 발견된다. 우리는 그것들이 더 원시적인 사람들에서는 덜 은폐되어 있다고 기대할 수 있을 것이다. 이러한 태곳적 요소들은 오늘날에도 상당히 중요하다고 판명될 수 있다. 예를 들면 아가미의 갈라진 틈이라는 잔존물이 그것과 관련된 암으로 발전할 수 있다고 가정해보자. 이런 방식으로 우리의 신성 또는 정신 속에서 발견될 수 있는 태곳적 요소들이 존재한다. 그것들은 살아남은 진정한 잔존물이며 유익한 방식으로 번성할 수 있다. 그러나 암적 방식, 병리적 방식으로도 그렇게 될 수 있다. 바로 그것이 오늘과 내일, 그리고 미래에 환자를 보는 것이 흥미로운 것처럼 보이는 유일한 이유다. 그 또는 그녀가 다시 관찰되는 것에 자신을 맡기고자 한다면, 그리고 또한… (녹음 종료)

1977년 5월 29일

지금까지 1장에서의 설명을 읽은 여러분 중 그것을 '과학적'이라고 간주할 사람은 거의 없을 것이다. 즉, 그것은 그것을 읽고 있는 개인에 따라, 상상적이거나 공상적이거나, 또는 모방 과학으로 평가될 수 있는 무언가로 간주될 수 있다는 것이다. 그것은 의견의 문제다. 내가 이 점을 언급하는 이유는 다음과 같다. 어떤 사람이 말하거나 쓰거나 행하는 것에서 드러나는 것을 평가 – 그것이 무엇이든, 즉 사람의 외모든 성격이든 – 하려고 할 때, 우리는 이러한 의견들을 갖게 되기 때문이다. 간단히 말하면, 우리는 우리의 감각이 제공한 것에 대해 일종의 해석을 내리고 있다는 것이다. 우리는 증거에 의존하기 때문에 제시된 정보의 성질이 무엇인지 아는 것이 도움이 된다는 사실은 여전히 존재한다. 무엇보다도 우리는 실제적인 수집 메커니즘을 평가해야 한다. 예를 들면, 나는 내가 나의 인상이 얼마나 믿을 만한 것이라고 판단하는지, 그리고 관찰하는 나의 능력이 얼마나 건강한지, 내 눈이 얼마나 정확하게 작동하는지 등에 관한 나의 의견이 근거하고 있는 많은 경험을 지금 갖고 있다.

말하거나 쓰기, 이러한 언어적 변형들을 행하기가 문제될 때, 논의를 분할하는 것이 가능하다고 할지라도, 우리는 우리가 접촉하고, 평가하고 이해하기를 원하는 그 어떤 것도 사실상 분할할 수 없다. 그것은 어떻게든 나누어지지 않는다. 사람들이 그것을 '들었다' 또는 '보았다'고 말할 수 있다고 내가 가정하더라도 말이다. 그러한 분할은 우리가 그 속에 존재하는 우주보다는 정보를 수집하는 기계, 인성, 그리고 그것의 장비에 더 잘 적용될 수 있다. 우주는 분절된 언어의 법칙, 또는 광학의 법칙을 따르지 않는다. 우리가 법칙들이 빛 그 자체에 근접한다는 것을 고려한다고 할지라도 말이다. 법칙들 중 얼마나 많은 것이 현행적인 객관적 현상에 적용되며, 어느 정도로 법칙들이 인간의 능력에만 적용될 수 있으며, 또는 인간의 능력에 대해 광범위한 의미를 갖는지는 의문이다. 이는 우리가 느끼고 생각하고 관찰하는 능력, 그리고 논리적 능력을 갖고 있다는 의미에서 우리가 논의하고 있는 많은 상이한 활동에도 적용된다는 것을 후에 우리는 보게 될 것이다.

이러한 서론적 언급 자체는 막간의 휴식이라고 할 수 있다. 이를 통해 나는, 이 주제에 대해 계속해서 논의하고 생각하는 과정에서 내가 이미 말했던 것을 평가하고자 하는 것이다.

나는 나의 육체적 감각들이 내게 가져다주는 정보의 본성, 즉 내가 베타요소라고 부르고자 하는 것 – 정신적이기보다는 물질적인 것처럼 보이는 재료 – 을 본격적으로 평가[해명]를 시도하고 있는 것은 아니다. 나는 그것에 대해 아는 것이 없다. 단지 나는 그것이 존재한다고 가정하고 있을 뿐이다. 나는 그것이 전체 체계, 사고의 건축 체계가 근거하고 있는 구조라고 가정할 뿐이다. 따라서 나는 내가 호기심의 작용, 사실수집적 경향이라고 말할 수 있는 이 지점으로부터 출발해, 내가 수집하는 사실의 본성으로, 그리고 나의 활동이 수집한 그러한 정보의 의사소통(전달)으로 나아갈 것이다.

나의 출발 지점은 내가 사변적 상상력 그리고 사변적 추론이라고 부를 수 있는 것이다. 나는 현재로서는 이 두 가지를, 수학자들로부터 개념을 빌려와 주요 집합의 부분집합들이라고 말할 수 있는 범주들로 구분할 것이다.

첫 번째로, 나는 사변적 상상력에 대해 고찰할 것이다. 그것에 어떤 가치가 부여될 수 있는가? 나의 인상은 그것이 매우 중요하다는 것이다. 내가 정신분석 슈퍼비전 –이는 배우는 활동의 일부다– 을 위해 내게 오기를 원하는 사람들을 슈퍼비전할 때, 나 또는 그 밖의 누군가가 그들의 기여에 대해 갖고 있는 의견에 대해 그다지 신경 쓰지 말고, 그들이 내게 말한 재료들에 대한 자신의 해석이 무엇인지 계속해서 말하라고 나는 그들에게 제안한다. 나는 그들이 어떤 정신분석적 권위의 축복을 받고 있는 해석, 또는 내가 인정할 만한 –내가 충분히 중요하고 영향력 있는 정신분석 권위자 중 한 사람이라면– 해석을 제시하기 위해 노심초사하는 것을 본다. 나는 그러한 권위의 본성을 [비판적으로] 고찰하는 것을 꺼리지 않을 것이다. 나는 내가 발전에 장애가 되며 오도할 수 있는 정신분석 권위자라고 충분히 믿는 경향을 갖고 있기 때문이다. 나는 이 점을 강조한다. '하고 싶은 말을 하라. 내게 말한 것의 의미라고 당신이 생각하거나 상상하는 것을 말하라.' 내가 이 말을 하는 이유는, 당신이 턱에서 정신을 분리시켜, 턱과 혀를 흔들도록 허락해야 하는 일을 당신이 해야 하기 때문이 아니다. 그것은 내 생각이 아니다. 그것은 하나의 사전준비a preliminary이다. 심지어 우리가 아주 많이 사고할 수 있기 전에 또는 사고할 수 있는 능력을 충분히 갖추기 전에도, 내 표현에 따르면 우리는 우리의 혀와 턱을 흔드는 것을 허락하기를 배울 수 있어야 한다. 심지어 그것이 어리석게 보일지라도 그것은 언어를 명확하게 표현할 수 있는 한 걸음일 수 있다. 이와 마찬가지로, 이러한 사변적 상상력은 아무리 우스워 보이고, 신경증적이며 정신병적으로 보일지라도 우리가 궁극적으로 과학적, 정신분석적 정식화로 간주할 수 있는 것을 향하는 길일 수 있다. 이러한 생각이 아주 오류일 수도 있다. 그러나 내가 이런 제안을 하는 것은 여러분 스스로 그것을 시험해보고 자기 자신의 결론에 도달할 수 있기 때문이다. 여러분이 가능한 한 정직하게 재료에 상상력이 작동하도록 허락하고, 자신으로 하여금 가능한 한 그러한 용어들로써 진술할 수 있도록 허용할 수 있다면, 여러분은 결과물의 본성을 평가할 수 있게 될 것이다. 따라서 나는 여러분이 보았다고 생각하는 것을 말하는 것이 좋은 일이라고 생각한다. 자신의 정신 상태가 어떠한지 상관하지 말기를 바란다. 그 모든 것을 잊어버리자. 그러한 정신 상태에서 자신이 수집하는 정보를, 그것이 무엇이든 존중하자. 그것이 어떤 정신 상태이든 상관없다. 나중에 여러분이 그것은 꿈이었다고 말함으로써 평가할 수 있는 정신 상태이든, 또는 환각이었든, 또는 그것에 대한 그림을 그렸든, 또는 딱히 아무 생각도 하지 않으면서 종이 위에 낙서를 한 것이든, 또는 여러분이 그런 쪽에 재능이 있어서 실제로 그것을 구상하거나 조율하거나 휘파람을 불거나 노래를 불렀거나 상관없다는 것이다. 나는 사람들이 말더듬이가 노래 부르기를 시도하는 것은 유익하다고 말하는 것을 들은 적이 있다. 나는 사변적 상상력에 관심을 가질 가치가 있다고 생각한다. 당신이 꿈을 꾸었든, 환각 속에서 생각했든, 또는 그것이 망상의 대상이든 신경 쓰지 말기를 바란다. 나는 드로잉이나 회화가 무엇의 산물인지 모른다. 아마 예술가는 자신이 그린 것을 [그리기 전에] 보았거나, 보았다고 생각할 것이다. 예를 들어 르네상스 예술에서 우리는 성인, 십자가 수난, 찬양에 관한 많은 그림을 볼 수 있다. 그들이 언제 그것들을 보았는가? 그들은 그것들 둘레에 선을 긋고, 그것들에 색을 칠하고 형태를 부여할 수 있을 정도로 명확하게 그것들을 보았는가? 내가 이것들 중 하나를 지금 보고, '이 사람은 이것을 삼백년, 사백년, 사천년 전에 봤어'라고 말할 수 있을 정도로 말이다. 또는 나는 라스코 동굴에 들어가 벽에서 회화와 드로잉의 다양한 표식과 기호를 볼 수 있는가? 어느 정도 왜곡되었지만 이는 사실이다. 그것들의 형태와 색을 명확하게 드러내주는 전깃불의 도움으로 나는 그것들을 볼 수 있기 때문이다. 그러나 그 그림들이 그려졌을 때 어떤 종류의 빛이 비추어졌는지 나는 알지 못한다. 이와 유사하게, 나는 봄베이 근처의 엘리펀트 동굴로 걸어 들어가, 거기에 제작되어 있는 조각물들을 다시 한 번 볼 수 있다. 하지만 역시 나는 그것이 어떤 종류의 빛 또는 정신 상태에서 제작되었는지 알지 못한다. 나는 내 정신의 틀이 그 그림들을 그렸던 예술가의 정신의 틀과 다를 것이라고 추측한다. 마찬가지로 나는 인쇄된 희곡을 극의 형태로 번역할 줄 아는 매우 유능한 배우들을 만나 도움을 받을 때, 적어도 그럴 때만 내가 셰익스피어 희곡의 언어적 정식화를 이해할 수 있다고 나는 **생각한다**. 내가 이것을 말하는 이유는, 오늘날 사람들은 자신이 셰익스피어 희곡을 정말로 이해하고 있다고 말하지만, 사실 그 이전에 이미 그 희곡의 훌륭한 공연들에 의존하고 있다는 것을 망각하고 있다고 내가 생각하기 때문이다. 그것은 우리의 감각들의 증거를 신뢰할 수 있다는 것, 희곡을 이해 가능한 것으로 만드는 배우들의 능력에 우리가 의존할 수 있다는 것에 의존한다. 나는 『심벨린Cymbeline』의 '성공한 남자와 여자들 모두는 굴뚝청소부처럼 흙으로 돌아가야 한다'는 구절을 인용한 바 있다. 나는 삼백년 또는 사백년 후에, 완전히 잠이 깬 후 아주 의식적인 정신 상태에서 그것을 해석해야 한다. 그것은 이 구절을 원래 썼던 사람의 정신 상태와 아주 다르다. 나는 당시 워릭셔에서 사용되었던 영어가 어떠했는지 모른다. 단지 나는 그런 정신 상태의 산물에 감탄할 수 있을 뿐이다. 성 안나와 성처녀 마리아를 본, 그들을 그렇게 분명하게 본 레오나르도 다 빈치에 대해 감탄하는 것처럼 말이다. 내가 할 수 있는 최선의 것은 그것이 무엇이든 나는 할 수 있는 것을 배우는 일이다. 그들이 살아 있었을 때 나는 여전히 보고 들을 수 있는 기록을 남겼는데, 이는 내가 그들에 대해 잘 전달할 수 있도록 하기 위함이다.

여러분이 내일 보게 될 환자가 누구인지 나도, 여러분도 알 수 없다는 사실에 주목시키기 위해 나는 상당히 장황하게 지금까지 기술했다. 그 누구라도 찾아올 수 있다. 나는 우리가 그러한 정신 또는 인성에 대한 존중심을 가져야 한다고 확신한다. 나는 정신분석 전체에서 그것이 가장 가치 있는 일이라고 생각한다. 인간 정신과 그것의 생산물은 주목할 가치가 있다는 제안 말이다. 나는 여러분이 윌리엄 셰익스피어를 보러 가라고 제안하는 것이 아니다. 나는 여러분이 『바가바드기타』의 저자, 또는 화가나 조각가, 또는 모차르트와 같은 작곡가를 보러 가라고 제안하는 것이 아니다. 내가 제안하는 것은 환자가 시간과 돈을 지출하면서 여러분을 보러 올 때, 여러분이 지금 경험할 수 있는 것을 존중할 수 없다면 아무것도 알 수 없게 된다는 것이다. 만약 여러분이 이 모든 탐구를 수행할 가치가 없는 사람을 치료하고 있다면, 내가 말할 수 있는 것은, 우리 자신이 경험으로부터 무언가를 배울 수 있을 만큼 충분히 가치 있는 사람이라면 그를 치료하는 것이 가치가 있을 수 있다는 것이다. 따라서 여러분과 내가 내일 행하는 활동이 유익하게 될 가능성이 항상 존재한다는 것이다. 그것은 매우 가치 있는 일임이 증명될 수 있다. 환자가 상당히 중요한 사람이고, 지금까지 발견되지 않은 재능을 갖고 있거나, 또는 재능이 드러났다고 하더라도, 그 또는 그녀가 우둔하다거나 정신병자라거나 미쳤다는 이유로 무시된 경우가 있기 때문이다. 동일한 일이 비록 현재는 개연성이 적지만 우리 자신에게도 적용될 수 있다. 이것이 개연성이 적은 이유는 우리 중 대부분은 지금까지 아주 오래 살면서 자신이 갖고 있는 몇몇 재능을 표현할 수 있었기 때문이다. 분석이 우리에게, 분석가가 됨으로써 우연히 우리가 갖고 있는 그러한 능력을 드러낼 수 있도록 기회를 제공해주었기를 희망한다. 나는 그것이 낙관주의라고 생각한다고 말해야만 한다. 그러한 종류의 희망에 아주 커다란 중요성을 부여할 수 있다고 생각하지 않는다. 적어도 나에 관한 한 말이다. 그러나 다른 한편으로 나는 우리가 희망이나 두려움 때문에 방해받아서는 안 된다고 생각한다. 희망이 잘 속는 바보라면, 두려움은 거짓말쟁이일지도 모른다('희망이 잘 속는 바보라면, 공포는 거짓말쟁이일 것이다'. 아서 휴 클로프, 「싸워봤자 소용 없다고 말하지 말라」)[5]. 따라서 우리는 자신과 피분석자를 존중해야 한다.

이 점은 중요하다. 정신분석가들이 우리가 정신분석이라고 부르는 활동에 필요한 최소한의 조건들이 존재한다는 것을 깨닫는 데 어려움을 겪고 있다고 나는 생각하기 때문이다. 이러한 조건들 중 몇몇은 우리의 통제 내부에 있다. 즉, 우리는 부적절한 정신의 틀 속으로 들어가는 것을 피할 수 있다. 우리는 내가 들뜬 감정의 상태rhasody라고 가장 쉽게 말할 수 있는 것의 희생자가 되기를 피할 수 있다. 너무나 기분이 좋아서 우리의 모든 감정과 소망과 욕망을 완전히 작동시키는 상태 말이다. 이것은, 마약에 무겁게 취한 상태, 문자적으로 말하면 술을 많이 마신 상태, 은유적으로 말하면 우리의 낙관주의나 비관주의 또는 절망의 상태에 도달했을 때 벌어지는 일보다 그다지 더 유용하지 않다. 이러한 관점에서 볼 때 우리가 우리의 기억과 욕망을 제거하는 것이 중요

5) | 괄호 속 설명은 원서 편집자가 한 것임. -역수

하다.

슈퍼비전과 관련해 말하면, 감독분석가에게서 정신분석에 관한 정보나 지식을 기대하지 않는 것이 좋다. 슈퍼비전이나, 심지어 분석 시간에 한두 가지 생각을 얻는 것이 가능할 텐데, 그렇다면 여러분이 피분석자와 함께 있을 때는 그것들을 잊어버리는 것이 또한 좋을 것이다. 그렇게 하지 않으면 여러분의 정신이 이미 여러분의 소망, 욕망, 이론, 기대로 가득 채워지기 때문에 [새로운] 생각idea을 위한 여지가 존재하지 않게 될 것이다. 여러분이 감각을 통해 얻을 수 있는 것이 여러분의 이해 능력 속으로 침투할 틈새가 없다. 이해 능력이 무엇인지에 대해서는 지금 논의하지 않을 것이다. 그것은 우리가 후에 고찰해야 할 다른 문제다. 그것은 심지어 정신분석이 등장하기 전에도 수 세기 동안 논의되고 토론되었던 문제였다.

분석가는 현재 – 내가 현재라고 부르는 것 – 에 자신을 개방할 수 있는 여지를 남길 수 있기 위해 자신의 기억과 욕망으로부터 벗어나야 할 필요가 있다. 정신분석가는 중요한 것은 과거라고 생각하기 쉽다. 이를 통해 우리는 잘못된 길로 인도되기 쉽다. 과거에 대해 우리가 할 수 있는 것이 없기 때문에 그것은 중요하지 않다. 우리가 무언가를 할 수 있는 유일한 것은 과거, 과거의 정신 상태, 또는 우리의 신체적 구조의 태곳적 부분들의 잔존물, 흔적들 – 아가미의 틈, 퇴화된 꼬리 등, 그리고 우리의 유인원 선조로부터 물려받은 것 – 뿐이다. 그러나 우리가 그것들을 식별할 수 있도록 우리를 허락한다면 현재에서 식별 가능한 이러한 흔적들을 이용하는 것이 가능하다. 목의 종양, 또는 등장하기 시작한 다른 신체적 증상들에 대해 불평하면서 찾아오는 환자들을 평가하고자 애쓰고 있다면, 심지어 발생학에 관한 지식을 어느 정도 갖고 있는 것도 유용할 수 있다.

우리의 입장은, 비록 우리가 관찰을 육체에서 정신의 영역으로 옮겼지만 육체는 여전히 중요하다는 것이다. 우리는 환자가 보고하는 사실을 우리가 '자유연상'이라고 부르는 것으로 변형시킴으로써(그리고 그것을 해석함으로써) 이용하고자 애쓴다고 해서, 사실이 사실 아닌 것이 되는 것은 아니다. 때때로 환자들은 '내가 보았던 것을 당신에게 말할 때 내가 이렇게 느끼는 것이 타당하지 않나요?'라고 말한다. 물론 나는 그것이 타당한지 그렇지 않은지 알지 못한다. 그것은 환자에게 달려 있다. 나는 환자가 말하는 것의 정확성을 결코 의심하지 않는다. 그러나 그가 자신이 본 것을 정확하게 나에게 기술하고 있다는 믿음이 정직하지 않을 수도 있다. 그러나 나는 나보다 그가 그것에 대해 더 많이 알고 있기 때문에 그러한 측면을 무시한다. 나는 무언가 다른 것을 보고, 듣고, 그것에 개방되려고 애쓴다. 흔적들, 정신적 흔적들 말이다. 나는 그것들이 어디에서 유래했는지 알지 못한다. 나는 환자가 어디에서 왔는지 알지 못한다. 그가 나에게 이름을 말하고 주소와 전화번호를 주었는지 나는 개의치 않는다. 그것은 직접적 중요성이 없기 때문이다. 물론 그것은 명백한 이유로 중요하다. 그러나 그것은 명백하기 때문에 중요하지 않다. 명백한 것은 명백하기 때문에 그것에 대해 더 말할 수 있는 것이 없다. 환자는 자기 자신에 대해 볼 수 있고 알 수 있는 것에 대해 스스로의 의견을 가질 수 있다. 그에게 훨씬 더 어려운 것은 그가 볼 수 없는 어떤 것이며, 바로 그것이 그가 나에게 오는 이유다. 환자들은 자신이 대답을 알고 있기 때문에 나에게 온 것이 아니라는 것을 이해하는 데 어려움을 갖고 있다. 우리가 종종 사람들이 '그래요 알아요… 그래요 알아요… 그래요 알아요', 그리고 '음, 나는 그렇다고 알고 있어요'라고 말하는 것을 들었음에도 말이다. 이러한 종류의 진술은 암시하는 바가 많다. 그것은 기호(징후, sign)이다. 그것은 분석가가 주목하는 – 사용되는 문법이나 구문에 대한 어려움 때문이 아니라, 그것이 지금까지 식별되지 못한, 또는 환자가 알지 못하는 상태를 계시해주거나revelatory, 잠재적으로 계시해주기 때문에 – 증상이다.

태아 분석가나 수련생이 자신의 상상력을 사용하고 그것을 슈퍼비전에서 말로 표현할 용기를 내는 것이 중요하다. 그것이 내가 슈퍼비전이 가치가 있을 수 있다고 생각하는 하나의 이유다. 찾아와서 자신이 생각하는 것을 용기 있게 말할 수 있을 때만, 그리고 자신이 생각하는 것을 명확하게 표현하는 훈련의 방법으로 그 기회를 사용하거나, 또는 다른 방법을 발견할 수 있을 때만 나는 기쁠 것이다. 언젠가 한 환자가 내게 이렇게 말했다. '당신이 여기에 피아노를 갖고 있기만 하다면, 나는 어떤 것을 당신에게 연주해 보일 수 있을 거예요. 나는 이런 방식으로는 당신에게 말할 수 없어요.' 만약 내가 음악을 이해할 수 있다면 그가 그렇게 할 때 나는 매우 기쁠 것이지만, 여기에서 다시 한 번 분석을 위해 필요한 최소한의 조건이 존재한다. 시간이 조금 지난 후 나는 **내**

가 분석을 행할 수 있는 최소한의 조건이 무엇인지 알기 시작했다. 다른 분석가들도 모두 동일한 결정을 해야 한다. 분석가가 그 사실을 잊어버리는 것은 커다란 오류다. 여러분이 원한다면 양보할 수 있다. 여러분이 원한다면 – 적어도 일시적으로 – 규칙을 완화할 수 있다. 그러나 그것은 견해의 문제이며 판단의 문제다. 그러나 일반적으로 말하면, 여러분은 자신의 최소 조건이 무엇인지 알아야 한다. 예들 들면, 환자는 당신을 의자에서 끌어당기거나, 당신과 싸움을 하거나, 심지어 총기를 사용해 당신이 해야 할 말을 하지 못하도록 만들 권리를 갖고 있다고 생각할지도 모른다. 분석가는 어디에서 선을 그어야 할지, 어디에서 분석할 수 있는 최소 조건이 존재하기를 그쳤는지 – 그 최소 조건이 부인에 의해 너무나 부식되었기 때문에 – 분명하게 염두에 두고 있어야 한다. 이는 분석가의 치료실에서 어떻게 행동해야 하는지 알지 못하는 아동과 함께 시작된다. 그러한 아동의 부모도 그들의 아이를 분석하고자 하는 분석가에 대해 어떻게 행동해야 할지 종종 알지 못한다. 그러나 분석가는 자신의 최소한의 요구사항들을 말할 때 매우 분명하고 아주 확고해야 한다. 그러한 요구사항들이 없다면 분석가가 분석하는 일은 불가능해진다. 바로 그것이 어떤 규율을 부과해야 하는 유일한 이유다. 우리가 그들이 하고 싶은 일을 하지 못하게 막고 싶어서가 아니다. 우리가 반드시, 심지어 그들이 분석받으러 오는 것을 원치 않아서가 아니다. 원한다면 사람들은 자유롭게 분석받을 수 있다. 그러나 우리는 또한 그러한 목적을 달성할 수 있기 위해 우리가 지켜야 하는 최소 조건들이 무엇인지 말해야 한다.

우리가 논의하고 있는, 그리고 지금까지 내가 말한 것과 관련된 요점은 사변적 상상력의 문제다. 분석가가 자신으로 하여금 사변적 상상력을 발휘할 수 있도록 허락하지 않는다면, 그는 과학적 사고의 싹이 번성할 조건들을 생산할 수 없을 것이다. 우리는 심지어 정신분석 그 자체가 아직 시작 단계에 있다는 것을 염두에 두어야 한다. 인류가 무엇을 해야 하는지를 배운 것도 겨우 최근에 들어와서다. (녹음 종료)

다양한 종류의 언어가 존재한다. 어떤 형태의 언어들은 진정으로 분절된 형태의 의사소통이 아니기 때문에 분절된 언어로의 번역이 거의 불가능하다. 예를 들면, 중국어에는 상형문자적 기호가 많다. 이는 그들의 언어에만 적용되는 것이 아니다. 가령 중국인들과 러시아인들 사이에는 갈등이 존재할 수 있다고 나는 생각한다. 피상적으로는 인간을 통치하는 그들의 사고가 일치하지만 말이다. 중국인들은 그들의 상형문자적 의사소통 방법과 더불어 얼굴의 작은 근육에 커다란 중요성을 또한 부여하며, 얼굴 표정 – 근육적 표현 – 을 사용하는 사람들과 의사소통하기를 좋아한다. 그들은 얼굴에 표정이 없는 사람들을 싫어한다. 상이한 민족들의 사고 사이에 상당한 일치점이 존재할 수 있다. 그러나 공공연하게 표현되지 않는 커다란 차이도 존재할 것인데, 이 차이는 근육적, 신체적 방식으로 표현되기 때문이다. 스페인어에 대한 유명한 안내서에서 포드(1845, Vol. 1, p. 83)는 공통적으로 사용되는 동작 – 손동작 등 – 에 대해 훌륭하게 기술한다. 그것은 아주 많은 정보를 전달해주며, 서로 대화하는 두 사람이 그들이 말하고 있는 것에 얼마나 많은 중요성을 부여하는지, 그리고 어떻게 그것에 근육 동작 – 손, 얼굴 등 – 이 동반되고 있는지 보여준다.

분석가는 자신이 제시하고자 하는 최소 요구사항들이 무엇인지에 대해 아주 분명히 해야 하거나, 또는 시간이 지나감에 따라 그것들에 가까이 접근해야 한다. 예를 들면 누군가가 분석을 원한다면, 나는 그들이 있는 곳으로 갈 수 있는 수단이나 시간이 없기 때문에 그들이 나의 치료실로 와야 할 것이다. 그렇게 하는 것이 환자에게 특히 좋기 때문이 아니라, 나 자신의 제약이 내게 부여한 제약들 때문에 그렇게 해야 한다. 나는 이렇게 말해야 한다. '당신은 그렇게 하고 싶은지, 다음 회기 또는 두 개의 추가적 회기를 위해 특정한 시간에 여기로 와서 나를 만나기를 원하는지 나는 당신에게 질문하고 싶습니다.' 하지만 물론, 이는 그렇게 간단하지는 않다. 쉽게 정식화하기 어려운 많은 것이 있다. 환자가 의사소통, 방해, 적대감의 방식으로 할 수 있는 것이 무엇인지 여러분이 알고 난 후에야, 여러분이 그것을 견딜 수 있을지, 그렇지 않은지 분명히 알 수 있다. 이 문제에 대해 논의하는 이유는, 여러분이 환자에게 '여기까지이며 더 이상은 안 됩니다'라고 말할 준비가 되어 있을 필요가 있기 때문이다. 환자로 하여금 자신이 하고 싶은 것을 못하게 하기 위해서가 아니다. 그가 분석을 원하고 있다는 것을 여러분이 이해하고 있으며, 여러분은 환자가 제안하는 조건에서 분석을 할 수 있을지, 그렇지 못한지 알고 있기 때문이다.

분석가가 되고자 하는 길을 걸으면서 여러분은 자신의 사변, 사변적 상상에 빠질 권리를 갖고 있다. 자신의 상상력에 출구를 마련해주기 위해, 그것이 과학적일 수 있는 어떤 것으로 발전할 기회를 주기 위해, 아마 여러분은 조각을 하거나, 그림을 그리거나, 작곡을 하거나, 소설을 쓰고 싶을지도 모른다.

다른 부분집합에 대해 이야기해보자. 사변적 이성인데, 그것은 다른 것[사변적 상상력]과 유사하다. 여기에서도 다시 한 번 여러분은 그 어떤 것에 대해서도 자신의 이성을 사용할 수 있다. 이성은 극히 다산적prolific이다. 그것은 번성한다. 그것은 잡초처럼 무성해진다. 앞서 내가 말했듯이, 그것은 너무 왕성하게 번창해서 재배가 불가능한 검은 딸기와 같다. 이는 사변적 상상력, 사변적 이성이 전개될 때 여러분의 사변과 이성적 능력이 펼쳐지는 것을 막을 특별한 이유가 없다는 것을 의미한다. 오히려 그것을 막아야 할 아무런 이유가 없다고 생각한다. 그러나 그것이 너무 오래 지속되어, 순수하게 일종의 격앙된 감정의 상태rhasopdy, 발레리가 다음과 같이 기술한 상태가 되어서는 안 된다고 나는 생각한다. 사람들은 시인은 잠자러 가거나, 아니면 술 취해서 탐닉 상태에 빠지고 난 후 깨어나서 시를 쓸 수 있다고 상상한다라고 기술한 상태 말이다. 그는 그것이 시를 쓰는 방법이 아니라고 말한다. 실제로 시인은 수학자에 더 많이 가까이 있어야 한다. 여러분의 상상력을 발휘해야 한다고, 그것을 자유롭게 놔두고 번성할 기회를 주어야 한다고 나는 말하지만, 동시에 그것을 모종의 규율 하에서 유지해야 한다.

여러분이 접촉하고 있는 사람이 어떤 종류의 사람인지 상상력을 발휘해보자. 그 사람이 여러분 방으로 들어올 때, 대답 – 이름과 주소, 전화번호 등 – 으로 시작함으로써 그러한 문제에 대답하는 것이 가능할 것이다. 그러나 그것보다 더 멀리 갈 수 있다. 여러분은 그가 남자인지 여자인지, 키가 큰지 작은지, 옷에 가려져 있는지, 아니면 옷 때문에 더 잘 드러나 보이는지 알 수 있다. 여러분은 낡은 옷, 그가 보이는 태도를 해석하고 스스로에게 질문을 던질 수 있다. '방금 내 방으로 들어온 X처럼 보이는 어떤 사람이 누구를 닮았는지 나는 상상할 수 있는가?' 여러분은 남자처럼 보이는 그 사람이 존재한다고 상상할 수 있는가? 또는 남자처럼 보이지만 뺨이 붉은, 또는 스포츠 복장을 착용하고 있는 사람이 존재할 수 있었다고 상상할 수 있는가? 여러분이 솔직하다면 그럴 수 없다는 것을 인정해야 할 것이라고 나는 생각한다. 정말로 놀랄 만한 유일한 것은 사실이다. 역으로, 다른 누군가와 닮은 어떤 사람이 여러분의 방으로 들어올 때, 여러분은 여전히 회의적 태도를 유지하면서 이렇게 말할 수 있다. '다른 누군가를 닮은 어떤 사람이 존재할 수 있는가?' 여러분은 자신의 감각을 믿고, '그래, 그건 명백한 일이야'라고 말할 수 있다. 사실들은 놀랍다. 그러나 그것들이 사실이기 때문에 그것들에 속아서 그것들을 믿지 않도록 해야 한다.

여러분은 무엇을 믿는가? 여러분이 자신이 믿는 것이 무엇인지 알고 있다면, 그것을 여러분이 아닌 다른 사람에게 의사소통하는 것이 유용할 것이라고 생각할 것이다. 내가 정신분석가가 무엇이라고 생각하는지, 또는 내가 어떻게 정신분석가가 되었는지 사람들에게 의사소통하는 것이 유용할 것이라고 나는 믿을 수 있다. 나는 정말로 가능한지는 모르겠지만, 사람들이 기회를 얻을 수 있다면 그들이 내가 어떻게 정신분석을 하는지 아는 것이 가능하다고 생각한다. 그들은 내가 어떻게 정신분석을 행하는지 알기 위해 내가 말하는 것에 반드시 의존할 필요는 없다. 그들은 스스로의 의견을 가질 수 있다. 심지어 여러분이 영혼, 초영혼super-soul, 초자아, 이드, 그리고 우주적 자아atmen와 같은 문제에 대해 확신하지 못해도, 어떤 사람이 여러분의 치료실로 들어올 때 여러분이 보는 것의 부산물로서, 그의 인성의 구조를 어떻게 기술해야 할지에 대한 관념을 얻게 되며, 따라서 아주 진정성 있게 '그들은 분석을 원한다'고 말할 수 있다. 바로 이것이 사변적 상상력, 사변적 추론, 비유적 용어로 말하면 눈을 뜨고 엄마를 응시하는 신생아다. 여러분이 원하는 대로 상상하거나 그림을 그려보라.

그다음은 무엇인가? 어떤 단계가 이러한 종류의 사변과 상상적 재구성을 뒤따를 것인가? 아마도 우리는 건축 체계, 사고의 체계를 안정된 형태로 구성하려고 시도해야 할 것이다. 우리는 칸토어의 수학과 같은, 그것의 다양한 판본을 알고 있다. 또한 우리는 프로이트가 자신의 연구를 완성하지 못했으며, 그가 자신의 체계를, 또는 자신이 할 수 있는 것을 완성해 만족할 수 있을 만큼 오래 살지 못했다는 사실을 알고 있다. 문제는 그의 후예들에게 넘겨졌고, 유산은 그의 직업적 가족, 동료들에게 넘겨졌다.

최근에는 심지어 수학자들도 하이젠베르크의 불확정성 원리, 불완전성 이론과 같은 이론들에 대해 고찰했다. 그들은 어떻게 불완전성과 불확실성이 수학과 논리학 같은, 정착되고 광범위하게 이용되는 것처럼 보이는 것들 속으로 침투했는지 지적했다. 심지어 논리적 구성도 논리학적 근거에서 비판되었다. 이는 어떤 종류의 논리학이 여전히 존재하지만, 논리학에 대한 우리의 이해가 확장되어야 한다는 것 – 논리학[그 자체]가 부적절하다는 것이 아니라 – 을 의미한다. 이것이 브루어Brouwer, 헤이팅Heyting 등과 같은 직관주의자[직관주의 수학자]들과 함께 일어난 일이다. 그들은 확고하게 자리 잡은 수학자들에게 엄청난 적대감을 야기하는 수학을 탐구 또는 제안하고 있다. 괴델의 연구, 배제된 3자에 대한 법칙[배중률]에 관한 그의 이론 또한 메타심리학에서 호기심을 불러일으킨다. 우리는 이러한 호기심과 사변의 작용이 사변의 영역으로까지 확장되고 있다고 말할 수 있다. 그러한 한에서 우리는 심지어 정신분석에서도 알려지지 않은 것, 즉 무의식과 무의식의 성질quality – 무의식적인 것들, 우리가 무의식적인 느낌과 관념을 갖고 있다는 것 – 이 존재한다는 관념을 보여주기에 충분할 정도로 지금까지 드러난, 그러나 완전히 드러나지는 않은 어떤 것이 존재한다고 말할 수 있을 것이다.

결코 무의식 외에 다른 것이었던 적이 없던, 결코 의식적이었던 적이 없던 무의식에 대해 생각해볼 필요가 있을 것이다. 이에 대한 단서는 멜라니 클라인의 이론, 즉 투사적 동일화 이론에 의해 주어졌다고 나는 생각한다. 심지어 태아도 후에 투사적 동일화가 되는 능력을 발전시킨다. 달리 말하면, 태아는 배출을 통해 제거하고자 애쓰는 느낌과 원초적 관념을 갖고 있다는 것이다. 그것은 태변에 의해 양수가 오염되었기 때문에, 이를 해결하고자 하는 신체적인 배출 능력 – 문자적 의미에서 그렇다 – 으로부터 아마 유래한 메커니즘일 것이다. 의식적, 무의식적 정신 상태 외에도 다른 하나가 더 있을 수 있다고 나는 제안하고자 한다. 내가 그것에 대해 가장 근접하게 제시할 수 있는 명칭은 **접근 불가능한**inaccessible 정신 상태다. 그것은 태아가 가능한 한 조속히 제거하기 때문에 아마 접근 불가능할 것이다. 태아의 심장박동 소리에 대한 앎이든, 또는 공포감, 소리 또는 시각적 경험 – 자궁 속의 액체의 압력 변화에 의해 가해지는, 시신경 유두 소와optic pits에 대한 압력을 통한 경험 – 에 대한 앎이든, 그 모든 것은 우리가 의식적 또는 무의식적이라고 부르는 것이었던 적이 없었을 것이다. 우리가 그것에 대해 사유하는 것은 어렵다. 우리가 그것에 대해 사유할 때, 우리는 깨어난 후 그것은 꿈이었어라고 말하듯이 의식적인 정신 상태에 있기 때문이다. 그것은 우리가 '깨어 있다'고 부르는 상태에 적합한 정신 상태에서의 가공elaboration인 것이다. 그러나 꿈은 – 그것이 꿈이라면 – 우리가 잠들었을 때 발생한다. 따라서 이 사건, 우리가 갔던 이 장소들, 우리가 보았던 이 장소들에 대한 의식적 설명은 아마도 오류일 것이다. 그것이 합리적일 수는 있다. 프로이트는 꿈은 합리적이며, 그것에 합리적 해석을 제시할 수 있다고 주장했는데, 이는 완전히 옳은 말이다. 그러나 그것은 꿈 자체에 관한 이야기가 아니다. 완전히 깨어 있는 어떤 사람이 이런 경험들 중 하나를 하고 있다면, 우리는 그가 환각 상태 또는 망상 상태에 있다고 말한다. 그러한 정신 상태는 연구되지 않았다. 그 환자를 정신 병원에 입원시키거나, 또는 약물 투여를 통해 다른 정신 상태로 만드는 것이 훨씬 더 간단하기 때문이다. 그러나 어쨌든 그러한 정신 상태는 완전히 의식적이고, 자신의 모든 감각을 소유하고 있는, 확실하게 깨어 있는 사람에 의해 연구되어야 한다. 내가 '그의 모든 감각all his senses'이라고 말할 때 이것은 나의 동시대인들, 그리고 합리적이고 이성적인 사람들이 '감각senses'이라고 부르는 모든 것을 의미하지 않는다. 나는 나 자신이 완전히 또는 특별히 알고 있지 못한 감각들 – 불확실성의 원리, 불완전성의 원리 – 을 포함시킨다. 따라서 심지어 수학자들도 내게 그다지 많은 도움이 되지 않는다. 그들이 엄밀한 사고, 또는 엄밀한 사고하기라고 부르는 것을 그들 자신이 정교화하고자 노력했던 이 문제에서 유사한 막다른 골목에 도달했기 때문이다. 나는 열광적 상태rhapsody, 또는 그러한 상태의 표출도 충분하지 못하다는 사실에 대해 이야기할 때 이 문제에 대해 암시한 바 있다. 우리는 일종의 훈련, 사고의 엄밀함을 필요로 한다. 어떤 종류의 엄밀함인지 나는 말하지 않았다. 내가 말할 수 있다고 생각하지도 않는다. 언젠가, 아마도 지금 누군가가 할 수 있을 것이다. 그러나 우선 그들은 적절하지 못한 정신 상태가 무엇인지 알아야 하고 인식할 수 있어야 할 것이다. 독단주의와 아집을 위한 자리는 그리 많지 않다. 그것은 너무 멀리 나간 것이다. 그것은 돌아올 수 없는 지점을 넘어선 것이다. 그 정도로 [경직된] 교육을 받았거나, 엄격하거나, 또는 아집이 있는 사람은 우리가 더 알고 싶은 영역에 도달하지 못한다.

이제 우리가 조금 새로운 주제를 시작할 것이므로 우리가 시작하고자 하는 주제가 무엇인지 살펴보는 것이 좋을 것이다. 그것은 판단의 문제와 관련이 있다. 이제 우리는 다루어야 할 많은 정보를 갖고 있기 때문이다. 우리가 수집한 것, 우리가 지성을 갖고 있어서 수집할 수 있는 것에 대해 이제 고찰하려고 할 때, 이러한 수집된 정보들의 어느 부분이 **현재** 계속 고려할 만한 가치가 있는지 알 수 있도록 해주는 지혜를 어떻게 우리는 얻을 수 있는가? 이 모든 재료를 정돈해주는 - 우선순위에 따라 - 것은 무엇인가? 누가 또는 무엇이 선택 또는 결정을 내리거나, 또는 사람 속에서 권위를 행사하는가? (녹음 종료)

참고문헌

Bion, W. R. (1961). *Experiences in Groups and Other Papers.* London: Travistock.

Bion, W. R. (1962a). A Theory of Thinking. *International Journal of Psycho-Analysis,* 43: 4-5. [Also in *Second Thoughts: Selected Papers on Psycho-Analysis.* London: Heinemann, 1967; reprinted London: Karnac Books, 1987.]

Bion, W. R. (1962b). *Learning from Experience.* London: Heinemann [reprinted London: Karnac Books, 1984].

Bion, W. R. (1963). *Elements of Psycho-Analysis.* London: Heinemann [reprinted London: Karnac Books, 1984].

Bion, W. R. (1965). *Transformations.* London: Heinemann [reprinted London: Karnac Books, 1984].

Bion, W. R. (1974/75). *Brazilian Lectures.* Rio de Janeiro: Imago Editore [new edition in one volume, London: Karnac Books, 1990].

Bion, W. R. (1977). *Two Papers: The Grid and Caesura.* Rio de Janairo: Imago Editore [reprinted London: Karnac Books, 1989].

Bion, W. R. (1980). *Bion in New York and Sao Paulo.* Strathclyde: Clunie Press.

Bion, W. R. (1991). *A Memoir of the Future* (Books 1-3 with 'A Key'). London: Karnac Books.

Bion, W. R. (1994). *Cogitations* (extended edition), ed. F. Bion. London: Karnac Books.

Fitzgerald, E. (1859). Free translation of *The Rubaiyat of Omar Khayyam.*

Ford, Richard (1845). *A Hand-Book for Travellers in Spain, and Readers at Home* (2 volumes). London: John Marray.

Freud, S. (1911b). Formulations on Two Principles of Mental Fuctioning. *Standard Edition,* 12 (pp.213-226). London: Hogarth Press.

역자 후기

이 책은 비온의 『야생적 사고 길들이기』를 옮긴 것이다. 이 책에는 「좌표」와, 제목이 없는 하나의 논문(「무제」)이 수록되어 있다. 「추천사」에서 상세히 설명되어 있듯이 「좌표」는 『정신분석의 요소들』과 동일한 시기에 쓰여진 글이다. 본 번역서와 동시에 출간되는 『두 논문 : 좌표와 휴지기』에도 「좌표」라는 논문이 실려 있다. 후자는, 『야생적 사고 길들이기』의 「추천사」에서 언급되듯이 1971년에 출간된 좌표에 관한 새로운 논문으로서, 자신이 만든 좌표에 대한 '사후적인 비판적 논평'을 다수 포함하고 있다.

몇몇 논자들은 이러한 비판적 논평과 다른 곳에서의 비온의 언급을 근거로 '후기' 비온이 좌표를 '폐기했다'는 주장을 펴기도

하지만, 이는 비온의 의도를 곡해한 주장이다(본서 「서론」 21~22쪽 참조). 좌표에 관한 비온의 두 개의 논문의 연대기와 그 의미, 그리고 좌표가 비온 이론에서 갖는 위치와 역할에 대한 상세한 설명은 「추천사」와 「서론」, 그리고 무엇보다도 비온 자신의 서술을 통해 명확히 드러나므로 여기에서 상세히 다시 설명하지는 않을 것이다.

분석가 또는 상담가로서(또는 '의사소통'의 문제에 관심 있는 인문학 연구자로서) 자신의 "직관을 계속 훈련하기 위해" 비온의 '좌표'를 공부하고자 한다면, 이 두 개의 「좌표」 논문과 『정신분석의 요소들』, 그리고 『제2의 사고』의 「사고하기에 관한 이론」을 비교하면서 숙독할 필요가 있다.

본서의 두 번째 논문 「무제」는 '사고자를 찾는 길 잃은 야생적 사고'와 그것을 '길들이기'에 관한 강연이다. 본서의 편집자는 '야생적 사고 길들이기'가 이 논문의 사실상의 제목이라고 말하고 싶어 하는 듯하다. 이 강연은 무엇보다도 '분석적 의사소통'에 관한 매우 '아름답고 우아한' 강연이다. 비온의 예술가적 감각이 돋보인다는 점에서도 그렇지만, 특히 파악할 수 없는 "길 잃은 사고"(사고자 없는 사고) —"정신의 태곳적 상태, 태곳적 사고와 관념, 행동의 원초적 패턴"— 를 듣고 이를 "사고의 주인"—"사고자"— 에게 되돌려주기 위해 분석가는 무엇을 해야 하는지, 어떤 **분석적 태도**를 유지해야 하는지를 치밀하고 우아하게 설명하는, 더할 나위 없이 귀중한 임상 자료다.

이를 위해 비온은 "사변적 상상력"과 "사변적 이성"에 대해 논의할 뿐만 아니라, "해석"과 "구성"의 유사점과 차이점, "슈퍼비전"을 받을 때 수련생의 태도, 그리고 저 유명한 "욕망과 기억으로부터 벗어나기"에 대해 이야기한다. 비온은 이러한 설명을, 다시 한 번 꿈, 베타요소, 알파요소, (좌표의) 수평축과 수직축에 관한 논의와 연결해 재해석함으로써 길 잃은 사고라는 원초적 재료와 그것을 담는 "상자"로서의 사고자, 그리고 사고의 건축체계에 대한 좀 더 성숙해진 자신의 사유를 전개한다. 이 강연은 심지어 권위자로 인정받은 '저명한' 분석가 또는 이론가의 확립된 이론이 우리에게 부과하는 "선입관preconception"으로부터 벗어날 수 있어야만 내담자의 "정신적 흔적"을 들을 수 있을 것이며, 정확히 그러한 이유로 우리가 욕망과 기억으로부터 '적어도' 분석 회기에서

만이라도 자유로워져야 함을 역설한다. 오직 분석 회기 때에만, 오직 그때에만 분석가는 내담자의 길 잃은 사고를 접할 수 있다. 따라서 그는 욕망과 기억, 즉 선입관에 매몰되어 이를 붙잡을 수 있는 귀중한 기회를 놓쳐서는 안 된다.

이 책은 임상가뿐만 아니라 예술, 철학 등에 관심 있는 독자들에게도 많은 영감과 감동을 줄 것이다. 현대예술. 철학, 미학은 길 잃은 사고에 관한 클라인-비온적 성찰이 등장하는 또 하나의 장이라고 말해도 크게 과장은 아닐 것이기 때문이다.

2019년 11월 27일

역자

색 인